프로젝트 성공의 비밀

THE Secret to Project Success

원리(One Lee) 지음

프로젝트 성공의 비밀
The Secret to Project Success

초판 1쇄 발행 2018년 3월 20일
2쇄 발행 2019년 8월 15일

지은이 원리(One Lee)
펴낸이 장길수
펴낸곳 지식과감성#
출판등록 제2012-000081호

디자인 이다래
편집 이현, 최예슬
교정 이주영
마케팅 고은빛

주소 서울시 금천구 벚꽃로298 대륭포스트타워6차 1212호
전화 070-4651-3730~4
팩스 070-4325-7006
이메일 ksbookup@naver.com
홈페이지 www.knsbookup.com

ISBN 979-11-6275-059-9(13320)
값 18,000원

ⓒ 원리(One Lee) 2019 Printed in Korea

잘못된 책은 구입하신 곳에서 바꾸어 드립니다.
이 책의 전부 또는 일부 내용을 재사용하려면 사전에 저작권자와 펴낸곳의 동의를 받아야 합니다.

이 도서의 국립중앙도서관 출판예정도서목록(CIP)은 서지정보유통지원시스템
홈페이지(http://seoji.nl.go.kr)와 국가자료공동목록시스템(http://www.nl.go.kr/kolisnet)에서
이용하실 수 있습니다. (CIP제어번호: CIP2018007789)

 홈페이지 바로가기

프로젝트 성공의 비밀

THE SECRET TO PROJECT SUCCESS

원리(One Lee) 지음

as soon as possible? No! **ASAP**은 프로젝트 성공의 비밀이다
SUCCESS

작가와의 인터뷰

Q / 작가님의 이름은 특별합니다. 본명인가요?

A / 본명은 이승원입니다. 원리$^{\text{One Lee}}$는 필명이며 글로벌 호^{號}입니다. 글로벌 프로젝트를 하다 보면 외국인들을 많이 만나는데 부르기 쉽고 스토리 있는 이름이 있으면 좋을 것 같아 독창적인 이름을 지었습니다.

Interview with author

Q 작가님은 일을 즐긴다고 들었습니다.
구체적으로 어떤 일을 하시나요?

A 저는 Project Management 전문가입니다. Global PM Institute®의 원장으로 사람들이 프로젝트를 성공하도록 돕습니다. 프로젝트를 하는 기업이나 기관의 임직원분들에게 프로젝트 성공 노하우를 가르치고, Project Management 지식을 전파하고, 프로젝트 개선을 위한 컨설팅을 합니다.

Q / 작가님에게는 Project Management에 대한 열정이 느껴집니다. 커리어를 소개해 주시겠습니까?

A / 저는 원래 전기공학을 전공한 엔지니어였습니다. 1996년에 육군 중위로 예편하면서 대림산업에 입사했습니다. 사우디아라비아에서 플랜트 엔지니어링 프로젝트에 참여하면서 처음으로 프로젝트를 하게 되었습니다. 그 후 1999년에 이집트에서 메가 프로젝트

Interview with author

에 Project Schedule Manager로 Project Management에 입문했습니다. 당시 유능한 선배님들과 세계적 기업인 Technip®의 Mr. Roland와 함께 일하며 Project Management의 매력에 빠졌습니다. 그때 Project Management가 저의 천직임을 확신했습니다. 2001년에 서울로 돌아온 후 Project Management에 대한 학문 연구와 실무 적용에 몰입했습니다. 지금까지 다양한 프로젝트에서 Project Management 실무 경력을 쌓았습니다. 2001년에 미국 PMP® Certificate를 취득했고, 2003년에 Project Management 전공 석사 학위를 취득했습니다. 2011년에 Global PM Institute®를 설립했습니다. 2012년엔 영국 PRINCE2 Practitioner® Certificate를 취득했습니다. 프로젝트 성공을 다루는 Project Management는 정말 재미있는 일입니다.

Q 작가님은 **Project Management**의 유명 강사입니다. 강의는 언제부터 하셨습니까?

A 2003년에 한국생산성본부에서 〈PM vs. CM〉 강의로 데뷔했습니다. 강의 대상은 한국인과 외국인, 대학생에서 CEO에 이르기까지 다양하며, 서울대학교, KAIST, 포항공대, 한양대학교, 한국플랜트산업협회, 한국조선해양플랜트산업협회, 한국표준협회, 과학기술정보통신부, 한국연구재단(NRF), 국가과학기술연구회(NST), 국가과학기술인력개발원(KIRD), 정부 출연 연구소, SERICEO® 등에서 Project Management를 강의합니다.

Interview with author

Q / 원리 작가님의 강의 주제는 어떤 것들이 있습니까?

A / 90분 특강부터 12주 과정까지 Project Management 관련 다양한 교육훈련 프로그램이 있습니다. 플랜트 엔지니어링 기업을 대상으로 Project Manager를 위한 PM Academy™, Engineering Manager를 위한 EM Academy™, Project Engineer를 위한 PE Academy™, Lead Engineer를 위한 LE Academy™를 운영합니다. 그리고 한국연구재단과 국가과학기술연구회의 PM 자문 위원으로서 정부 출연 연구소의 연구자분들에게 〈R&D Project Management〉를 강의합니다. 〈프로젝트 성공의 비밀〉 특강과 〈실무 중심의 PMP® 양성 과정〉도 매우 인기 있습니다. 강의로 시작해 컨설팅으로 이어지는 경우가 많은데, 프로젝트 개선을 도운 프로젝트가 성공하면 매우 행복합니다.

Interview with author

Q. 원리 작가님의 강의를 듣고 싶은 기업이나 기관의 임직원분들은 어떻게 합니까?

A. 전화나 이메일을 주십시오. 저와 직접 소통할 수 있는 전화번호는 010-2479-3759이며, 이메일 주소는 globalpm@naver.com입니다. 제가 직접 강의하기 때문에 저와 직접 소통하는 것이 좋습니다. 감사합니다.

프롤로그

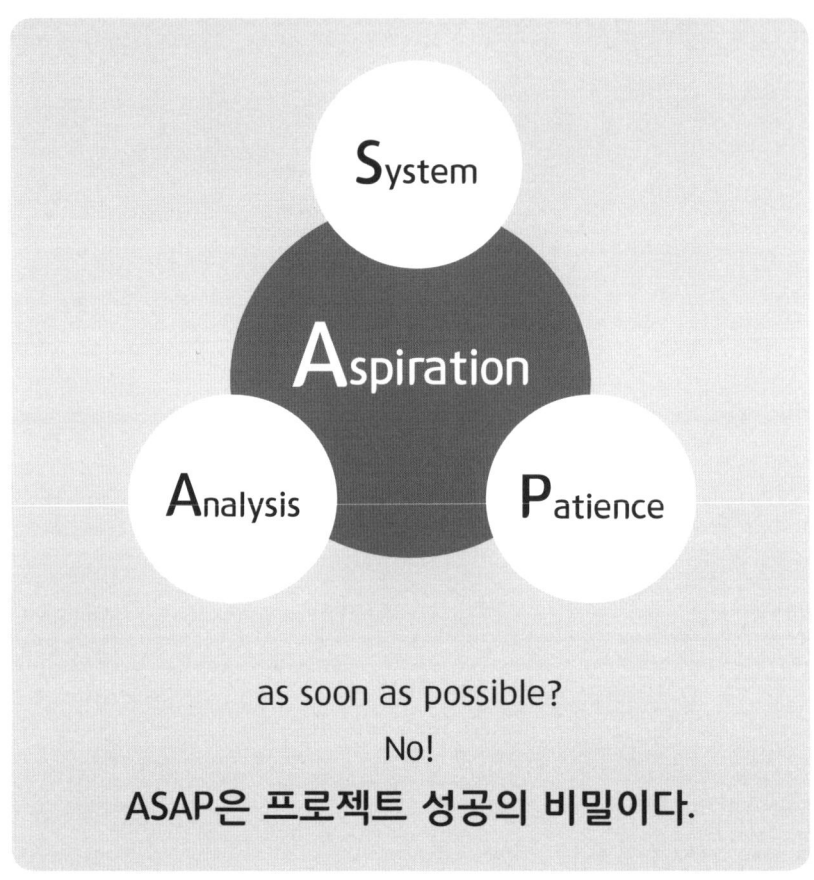

Aspiration	프로젝트 성공을 위한 간절한 바람, 갈망.
System	프로젝트 성공을 위한 Project Management 체계, 시스템의 비밀.
Analysis	프로젝트 성공을 위한 데이터 기반의 과학적 경영, 분석의 비밀.
Patience	프로젝트 성공을 위한 끊임없는 노력, 인내의 비밀.

prologue

창조 본능

지금까지 인류는 프로젝트를 통해 문명을 창조했습니다. 4,500년 전 이집트의 피라미드 건설 프로젝트, 제2차 세계대전을 끝낸 맨해튼 프로젝트, 엘론 머스크가 설립한 스페이스 X의 화성 오아시스 프로젝트…. 인류 역사는 프로젝트 역사입니다. 지금 이후에 사람들은 더 많은 도전, 더 큰 도전, 더 엄청난 도전 즉 프로젝트를 해 나갈 것입니다. 인간의 창조 본능이 인간을 갈 데까지 가도록 이끌 것이기 때문입니다. 요즘 화두인 제4차 산업혁명도 그 변화의 흐름은 거대하지만 결국, 창조는 하나하나의 프로젝트로 진행됩니다.

프로젝트 성공

프로젝트는 창조를 위한 도전입니다. 인간에게 창조는 여간 어려운 일이 아닙니다. 만만한 프로젝트는 없습니다. 그래서 프로젝트를 성공하면 기쁩니다. 프로젝트의 참맛은 프로젝트가 성공할 때 느낄 수 있습니다. 성공하기 위해 프로젝트를 합니다. 그냥 한 번 해 보는 도전은 없습니다. 조직이든 개인이든 프로젝트의 성공을 위해 죽기 살기로 노력합니다. 물론 그럴 만한 가치가 있는 프로젝트여야 합니다. 프로젝트의 가치와 프로젝트 성공의 기쁨은 비례합니다. 프로젝트가 성공하여 원하는 것을 얻을 때 얼마나 기쁘겠습니까?

프로젝트 정의

누가 먼저 한 말인지는 알 수 없지만, '노력은 성공의 어머니'가 맞습니다. 진리와도 같은 이 말은 프로젝트에도 그대로 적용됩니다. 미국 PMI^{Project Management Institute}의 프로젝트 정의는 훌륭합니다. 'A project is a temporary endeavor undertaken to create a unique product, service, or result.' 한마디로 프로젝트는 '노력^{Endeavor}'입니다. 심은 대로 거둡니다. 노력의 씨앗을 심으면 성공의 열매를 거두는 것이 바로 프로젝트입니다.

Project Management

프로젝트 성공을 위해 스마트한 노력이 필요합니다. Project Management는 프로젝트 관리가 아닙니다. 프로젝트 성공을 위한 프로젝트 '경영'입니다. 프로젝트 성공을 목적으로 사람들의 이성과 지성을 모아 스마트한 프로젝트 성공 계획을 세우는 것입니다. 그리고 그 계획에서 눈을 떼지 않는 노력이 포인트입니다. 프로젝트 경영의 70%는 스마트 플래닝이며, 나머지 30%는 플랜을 기준으로 프로젝트를 컨트롤하는 일입니다. Project Management는 프로젝트 성공을 위한 스마트한 방법입니다.

비밀

성공한 프로젝트는 성공한 이유가 있습니다. 실패한 프로젝트는 실패한 이유가 있습니다. 프로젝트 성공의 원리가 있습니다. 그것이 프로젝트 성공의 비밀입니다. 프로젝트 성공의 비밀이 더 이상 비밀이 아닌 당신의 노하우가 되면 좋겠습니다. 이 책을 읽는 당신에게 '프로젝트 성공의 비밀'은 더 이상 비밀이 아닙니다. 프로젝트를 성공으로 이끄는 당신만의 지혜입니다.

ASAP

프로젝트 성공의 비밀을 'ASAP'으로 정리해 이 책에 담았습니다. ASAP은 'as soon as possible'이 아닙니다. ASAP은 프로젝트 성공의 비밀입니다. Aspiration은 프로젝트 성공을 위한 간절한 바람인 갈망이며, 그 갈망을 이루어 줄 첫 번째 비밀인 System은 프로젝트 성공을 위한 Project Management 체계인 시스템에 대한 이야기입니다. 두 번째 비밀 Analysis는 프로젝트 성공을 위한 데이터 기반의 과학적 경영인 분석에 대한 이야기이며, 세 번째 비밀 Patience는 프로젝트 성공을 위한 끊임없는 노력인 인내에 대한 이야기입니다.

갈망

프로젝트가 성공하기 위한 전제 조건은 프로젝트 성공을 간절히 바라는 갈망^{Aspiration}입니다. 갈망은 프로젝트 성공의 문을 여는 황금 열쇠입니다. "당신은 프로젝트 성공을 간절하게 바라고 있습니까?" 이 질문에 "예!"라고 대답할 때 프로젝트 성공의 문은 열립니다. 간절하게 원하면 이루어집니다. 왜냐하면 간절히 바라면 몸과 마음을 다해 노력하기 때문입니다. 성공을 믿는 사람이 성공합니다. 믿음대로 됩니다. 그 놀라운 체험을 해 보시기 바랍니다.

prologue

작가의 바람

미국과 영국은 Project Management 종주국이며 선진국입니다. 우리에게 Project Management는 수입 학문입니다. Project Management의 글로벌 스탠더드, 세계적인 기업과 기관에서 배우고 가르치며 얻은 프로젝트 실무 경험을 바탕으로 이 책을 썼습니다. 기업이나 기관의 CEO가 프로젝트를 진행하는 임원들을 위하여 혹은 임원이 직원들을 위하여, Project Manager가 프로젝트 팀원들을 위하여, 선배가 후배에게 이 책을 선물하시기 바랍니다. 이 책은 프로젝트 성공에 대한 영감을 줄 것입니다. 영감은 생각의 씨앗입니다. 지금은 생각이 돈이 되는 시대입니다. 빠르고 가볍게 훑고 넘기기보다 한 절 한 절 음미하며 읽기에 좋은 책입니다. 이 책이 당신의 프로젝트 성공을 돕길 간절히 기도합니다.

2019년 8월, 여의도에서 작가 원리(One Lee) 드림

CONTENTS

작가와의 인터뷰	4
프롤로그	12

SECRET 1. SYSTEM   23

Chapter 1. 조직

생각이 돈	26
프로젝트 시대	28
PBO의 조직 구조	30
시스템의 힘	32
프로젝트 조직력	34
이해관계자	36
몰입	38

Chapter 2. PM

개념 있음	42
프로젝트 목표	44
프로젝트 성공 시스템	46
PM 매뉴얼	48
축적의 힘	50
시스템 vs. 임기응변	52
PMO	54

Chapter 3. 결정

데이터 기반의 PM	58
PM의 철학	60
진짜 목표	62
필요 vs. 낭비	64
결정 장애	66
후원 vs. 간섭	68
Manager	70

SECRET 2. ANALYSIS 73

Chapter 4. 정보

데이터	76
데이터의 선순환	78
WBS	80
프로젝트 범위	82
활동 순서	84
데이터 기반의 글	86
견적의 정확도	88

Chapter 5. 기획

기술 연동 PM	92
계획이 70%	94
원가 절감	96
경영 아이템	98
R&R	100
후진 기획	102
프로젝트 일기	104

Chapter 6. 관리

사람 사랑	108
산으로 가는 프로젝트	110
하지 말아야 할 3가지	112
타이밍	114
프로젝트 리스크	116
이지	118
공감	120

SECRET 3. PATIENCE 123

Chapter 7. 겸손

끌어당김의 법칙	126
고집불통	128
겸손 경영	130
경청해야 할 세 가지	132
F.T.P	134
통찰력	136
프로젝트 = 프로미스	138

Chapter 8. 투지

프로젝트 창조	142
간절히 원하면 이루어진다	144
투지	146
승부수	148
절약	150
참고 견디기	152
PM 주특기	154

Chapter 9. 배움

프로젝트 복기	158
좋은 질문	160
기록	162
적임자	164
핵심 인재	166
학습 능력	168
회사원 vs. 전문가	170

SECRET 1

SYSTEM

프로젝트 성공을 위한 Project Management 체계

Chapter **1**

조직

"최근 프로젝트는 대형화, 복잡화되어 가는 추세입니다.
어떻게 하면 프로젝트를 성공적으로 수행할 수 있습니까?
가장 중요한 것은 **회사의 조직 구조**입니다."

생각이 돈

관리형 조직의 특징은 다단계 결재 시스템이다. 100만 원짜리 자재를 구매하는 데 5단계 결재를 통과해야 하는 회사도 있다. 어느 단계의 결재권자가 해외 출장이라도 갔다면 그 사람이 돌아올 때까지 자재를 구매하지 못해 해당 자재와 연결된 활동들도 줄줄이 지연된다. 프로젝트에 발생한 문제는 회사 시스템이 원인인 경우가 많다. 하지만 막상 프로젝트에 문제가 생기면 경영자는 직원들에게 책임을 추궁한다. 이처럼 관료화된 관리형 조직에는 창조적인 생각으로 일하는 직원들보다 욕먹지 않을 만큼만 일하는 직원들이 많다.

1　관리형 조직과 창조형 조직 중에 어느 형태의 조직이 프로젝트 성공에 더 유리한지 따져 볼 필요가 있습니다.

2　프로젝트의 본질은 창조^{Creation}입니다. 없는 것을 있는 것으로 만드는 일이 프로젝트입니다. 프로젝트의 본질은 창조이기 때문에 프로젝트 성공을 위해 창조적 조직 문화가 필요합니다.

3　관리형 조직은 일과 직원들을 '관리^{Control}'하도록 설계된 조직이므로 직원들의 '생각 능력'이 동결될 가능성이 높습니다.

4　관리형 조직의 경영자는 직원들을 어떻게 'Control'할 것인가에 집중하고, 창조형 조직의 경영자는 직원들을 어떻게 'Connect'할 것인가에 집중합니다.

5　프로젝트 성공의 에너지는 프로젝트에 참여한 직원들의 '생각'입니다.

6　직원들이 생각을 넓고 깊고 새롭게 할 수 있는 조직, 서로 다른 생각이 막힘없이 통하는 조직, 집단 지성의 힘이 발현되는 조직이 창조형 조직입니다.

7　사람의 생각은 창조 능력입니다. 지금은 '생각이 돈이 되는 시대'입니다.

프로젝트 시대

제조 중심에서 창조 중심으로, 공장 중심에서 프로젝트 중심으로 산업의 패러다임이 급격하게 전환되고 있다. 프로젝트는 융합의 플랫폼이며, 창조의 플랫폼이다. 제4차 산업혁명 시대에 기업의 핵심 성공 요인은 공학 설계와 Project Management이다. 프로젝트를 성공시키는 조직이 성공한다.

ⓒ SpaceX

1 회사는 무언가를 '만들어' 팔아야 합니다. '만들다'는 영어로 'make' 또는 'create'입니다.

2 똑같은 상품을 대량으로 만드는^{Make} 업종은 제조업입니다. 발주자의 주문^{Order} 내용에 따라 독창적 상품을 만드는^{Create} 업종은 프로젝트업입니다. 20세기가 상품을 대량으로 만들어 파는 제조업의 시대였다면, 21세기는 프로젝트업의 시대입니다.

3 생산 라인을 통해 동일한 제품을 만들어 파는 회사는 제조업체^{Maker}입니다. 프로젝트를 통해 발주자의 주문마다 각기 다른 상품을 만들어 파는 회사는 프로젝트업체(PBO, Project Based Organization)입니다.

4 프로젝트업과 프로젝트업체라는 말은 원리$^{One\ Lee}$가 창조한 신조어입니다. 미래에 한국에서 이 용어들이 정식으로 채택되어 사용될 것이라 생각합니다.

5 Make : Create = 제조업 : 프로젝트업 = Maker : PBO

6 Make와 Create를 구별하는 것이 Project Management의 시작입니다.

7 프로젝트 업체의 강력한 경쟁력은 공학 설계$^{Engineering\ Design}$ 실력과 Project Management 실력입니다.

PBO의 조직 구조

당신의 조직은 프로젝트를 성공시킬 수 있는 조직 구조인가? 프로젝트 컨설팅 때 회사의 조직표를 가장 먼저 점검한다. 제조업 조직은 분업이 잘 이루어지는 조직 구조로 디자인해야 하지만, PBO는 협업이 잘 이루어지는 조직 구조로 디자인해야 한다. 그런데 제조업 조직표를 짜놓고 프로젝트를 해 나가는 PBO가 많다. 그와 같은 조직 구조에서는 프로젝트 성공을 위한 Project Management를 적용하기 어렵다. Project Manager에게 인사권과 예산권을 위임하지 않고, '회사'가 일반적으로 프로젝트를 해 나간다. 프로젝트를 프로젝트답게 하지 않으면 프로젝트 성공 가능성은 낮아진다. 제조업 조직 구조로는 프로젝트를 성공시키기 어렵다.

1 최근 프로젝트는 대형화, 복잡화되어 가는 추세입니다. 어떻게 하면 프로젝트를 성공적으로 수행할 수 있습니까? 가장 중요한 것은 회사의 조직 구조입니다.

2 프로젝트를 수주하여 매출을 올리는 기업은 PBO$^{Project\ Based\ Organization}$ 즉, 프로젝트 기반 조직입니다. 이와 같은 PBO에게 프로젝트 성공은 이익 창출을 의미합니다. PBO의 존재 이유는 프로젝트 성공입니다. PBO는 제조업 조직 구조가 아닌, 프로젝트 성공에 집중된 조직 구조를 갖춰야 합니다.

3 고도로 분업화된 요소 기술들이 하나로 융합될 수 있는 협업화 시스템이 관건입니다.

4 프로젝트는 분업화와 협업화가 얽혀 있는 조직 구조입니다. 프로젝트에 동원되는 여러 기술들은 전문 분야에 따라 분업화^{Specialization}하고, 분업화한 일들은 협업화^{Generalization}를 통해 프로젝트 성과를 창출하는 조직이 바람직합니다.

5 많은 프로젝트가 협업 실패로 실패합니다.

6 고도로 분업화된 일들이 모래알처럼 각자의 방향을 지향하려는 경향이 강할수록 프로젝트 성공 가능성은 낮아집니다.

7 PBO의 조직 구조는 프로젝트 성패에 결정적인 영향을 줍니다.

시스템의 힘

'오늘은 프로젝트 회의가 있는 날이다. 1시 10분인데 아직 5명이나 오지 않았다. Project Manager는 나에게 빨리 연락해 보라고 짜증을 낸다. 잠시 후에 두 명은 왔고, 한 명은 휴가, 한 명은 외근 중이기 때문에 불참한다고 하며, 나머지 한 명은 전화를 받지 않는다.' 이는 프로젝트 회의를 시스템화하지 못한 프로젝트에서 나타나는 현상이다. 프로젝트 회의도 시스템의 힘으로 돌아가도록 디자인해야 한다. 경영은 시스템으로 하는 것이다. 언제까지 급한 불만 끄기 위해 허둥댈 것인가? 시스템으로 일하라. 힘들게 일하지 말고, 스마트하게 일하라.

1   프로젝트는 개인전이 아니라 단체전입니다. 좀 더 정확히 표현하면, 프로젝트는 조직전입니다.

2   사람들의 모임을 집단이라 하고 조직화된 집단을 조직이라 합니다. 프로젝트는 팀플레이입니다. 팀워크가 발현되어야 팀입니다. 프로젝트 팀의 생명은 팀워크입니다.

3   팀워크가 살아나는 프로젝트 팀으로 조직화하는 것, 프로젝트 팀의 팀워크가 수준 높게 유지되도록 조화롭게 지휘해 나가는 것이 Project Manager의 중요한 임무입니다.

4   조직화는 시스템화와 같은 말입니다. 프로젝트 팀을 조직화하는 것은 프로젝트 팀을 시스템화하는 것입니다. 프로젝트가 시스템의 힘으로 돌아가도록 프로젝트 팀을 조직화해야 합니다.

5   잘 만들어진 시스템에는 질서와 자유가 공존합니다. 질서 속에 자유가 있고 자유 속에 질서가 있습니다.

6   잘 조직화된 프로젝트 팀은 질서와 자유가 공존하는 조직입니다.

7   일사불란과 인간미가 공존하는 시스템의 힘으로 돌아가는 프로젝트는 생기가 왕성합니다.

프로젝트 조직력

프로젝트 조직력을 벡터의 합에 비유할 수 있다. 두 벡터의 합은 삼각형의 이치로 계산한다. 첫 점과 끝 점을 공통으로 하는 두 벡터의 합은 두 벡터를 두 변으로 하는 삼각형에서 그 빗변이 나타내는 벡터와 같다. 벡터의 합이 크려면 각 벡터의 크기가 큰 것보다 각 벡터의 방향이 가까워야 한다. 마찬가지 원리로 프로젝트의 조직력이 크려면 프로젝트 팀원의 개인 역량이 큰 것보다 팀원들의 방향이 프로젝트 목표를 지향해야 한다. 단적으로 프로젝트 목표와 반대 방향으로 일하는 사람은 그 힘의 크기가 클수록 프로젝트 조직력을 약화시킨다. 보통 이런 사람은 프로젝트에 없는 것이 차라리 낫다.

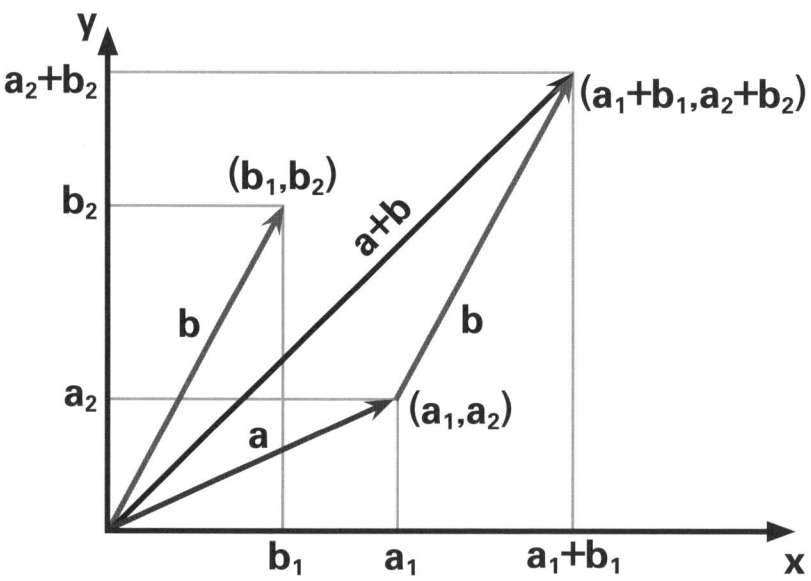

1 프로젝트는 팀원들이 서로 마음과 힘을 합해 하나 되어 일하는 팀워크가 중요합니다.

2 팀워크가 좋은 팀은 조직력이 강합니다. 조직력은 프로젝트의 결정적인 순간에 빛을 발합니다. 조직력이 강한 팀은 프로젝트가 어려워질수록 더 뭉치고 조직력이 약한 팀은 프로젝트가 어려워지면 흩어집니다.

3 팀워크가 좋은 팀은 시너지 효과를 거둡니다. 팀워크가 나빠 마이너스 시너지 효과로 어려움을 겪는 프로젝트도 많습니다.

4 프로젝트보다 자신의 이익을 우선하는 이기적인 사람은 프로젝트 조직력을 약화시킵니다.

5 프로젝트 조직을 구성할 때 조직력이 강한 팀을 목표로 팀원을 인선하는 것이 좋습니다.

6 그 사람에 대한 평판을 조사하고 인터뷰를 철저하게 하여 팀워크를 저해할 가능성이 있는 사람을 미리 배제하는 것이 좋습니다.

7 좋은 프로젝트 팀은 조직력이 강합니다. 조직력이 강한 팀은 프로젝트 성공 가능성이 높습니다.

이해관계자

이해^{利害}는 이익과 손해의 준말이다. 하나의 프로젝트에 수많은 이해관계가 얽혀 있다. 자신의 이익을 위해 프로젝트를 이용하는 사람도 있고, 심지어 프로젝트가 실패하기를 바라는 사람도 있을 수 있다. 문제는 프로젝트 이해관계자들의 이해를 파악하기 어렵다는 것이다. 프로젝트를 지키고 프로젝트를 성공으로 이끌기 위해 프로젝트 시작부터 끝까지 이해관계자들의 Stake에 관심을 기울여야 한다.

1　관객이 돈을 걸고 내기하는 현대 경마의 기원은 1780년 영국, 더비 게임$^{\text{The Derby Game}}$입니다.

2　내기에 건 돈은 Stake이며, Stake를 건 관객은 Stakeholder입니다. 이긴 Stakeholder들이 Stake를 차지합니다. 내기에서 이기려고 Stakeholder들은 선택한 경주마를 응원합니다.

3　프로젝트는 성패로 판정되는 한 판의 게임입니다.

4　프로젝트를 둘러싼 많은 Stakeholder들이 있습니다. 그들은 해당 프로젝트에 이해^{Stake}가 걸려 있습니다. 그렇기 때문에 이해관계자^{Stakeholder}는 그들의 이해 정도에 따라 프로젝트 성패에 크고 작은 영향을 줍니다.

5　수주 산업의 경우, 프로젝트 성패에 절대적 영향을 주는 Stakeholder는 Project Owner인 발주 기관^{Client}입니다.

6　Contract, Schedule, Cost, Risk Management도 중요하지만 Stakeholder Management도 간과할 수 없습니다.

7　비유하자면 정치학, 조직학, 역학, 관계학, 심리학, 경제학 등을 응용한 Stakeholder Management가 필요한 시대인지도 모릅니다.

몰입

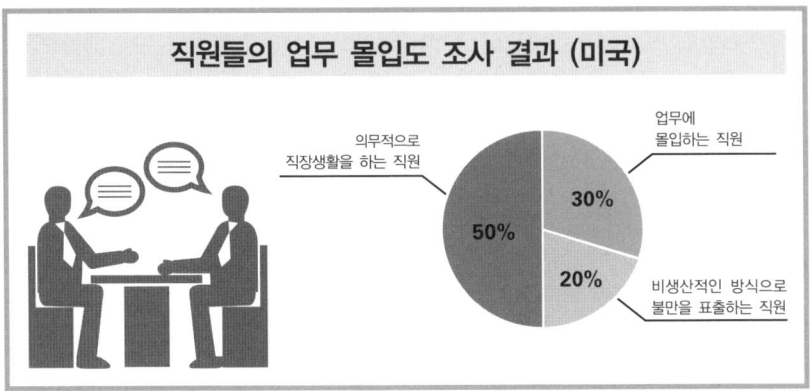

프로젝트 팀 안팎에 있는 이해관계자들이 프로젝트 성공을 함께 바라고, 적극적으로 협력한다면 프로젝트 성공 가능성은 높아진다. 이해관계자의 협력을 이끌어 내는 좋은 방법은 적시 적절한 의사소통이다. 알아야 도울 수 있다. 그들이 프로젝트의 상황을 알도록 돕고, 프로젝트 성공을 위해 그들이 무엇을 어떻게 도와야 하는지 알도록 돕는다면 그들은 협력할 것이다. 이해관계자들의 협력을 구하라. 그리하면 얻을 것이다.

1 Project Management의 이슈 중의 하나는 Stakeholder Engagement입니다.

2 Engagement는 사전적으로 '참여'라는 뜻이 있지만, Project Management에서의 의미로는 약합니다. 좀 더 힘을 실어 '기여'라고 표현해도 좋겠지만 여전히 부족하다는 생각이 듭니다.

3 왜냐하면 Stakeholder의 Engagement는 프로젝트 성패에 결정적인 영향을 주기 때문입니다.

4 여론조사로 유명한 미국 Gallup 연구소에서는 140개 나라 이상에서 조사한 직원 업무 몰입도 조사 결과를 근거로 'The State of the Global Workplace: Employee Engagement Insights for Business Leaders Worldwide'라는 보고서를 발행하고 있습니다.

5 참고로, 한국은 업무에 몰입하는 직원 11%±4%, 의무적으로 직장생활을 하는 직원 67%±4%, 비생산적으로 불만을 표출하는 직원 22%±3%이라고 합니다.

6 이와 같이, 프로젝트 성공을 위해 Stakeholder의 Engagement가 절실한 프로젝트 환경에서 Engagement는 적극적 협력을 의미하는 '몰입'이 적절한 표현입니다.

7 PBO는 Stakeholder Engagement Management에 능해야 합니다.

Chapter **2**

PM

"진짜 Project Management Manual을 보유한 회사,
남의 것들을 짜깁기한 매뉴얼을 들고 있는 회사,
그조차도 없는 회사는 Project Management의 **세련미**가 다릅니다."

개념 있음

Project Management의 개념을 올바르게 이해해야 올바르게 적용한다. Project Management는 프로젝트 관리가 아니다. 사업 관리도 아니다. 프로젝트 성공을 위한 프로젝트 경영이다. 행정적 관리 개념으로는 프로젝트를 성공으로 이끌 수 없다. 프로젝트를 관리하려 들면 행정적 부담만 가중시킨다. 대표적 현상이 불필요한 서류 업무의 증가, 불필요한 간접비의 상승이다. 관리하려 들면 오히려 프로젝트 성공을 방해한다. Project Management의 개념을 올바르게 이해하지 못하면 엉터리 Project Management를 하게 된다. 그런 엉터리들이 많다.

1. 공장을 통해 제조하는 회사는 Maker이며, 프로젝트를 통해 창조하는 회사는 Creator 또는 PBO입니다.

2. Maker에 적용하는 경영학은 Business Administration입니다. 경영학과에서 가르치는 경영학입니다. Administration은 행정적 관리라는 뜻이므로 Business Administration은 원래 '사업 관리'입니다.

3. 그러나 PBO에 적용하는 경영학은 Project Management입니다. Management는 생각하는 기획^{Planning}과 생각대로 이루려는 관리^{Controlling}를 합한 개념입니다.

4. Project Management의 올바른 개념은 '프로젝트 경영'이며 프로젝트 경영의 목적은 '프로젝트 성공'입니다.

5. Make는 공장에서 이루어지지만, Create는 프로젝트에서 이루어집니다. 프로젝트는 창조의 수단입니다. Maker는 Maker에 맞는 관리를 해야 하며, 프로젝트는 프로젝트에 맞는 경영을 해야 합니다.

6. '어떻게 프로젝트의 성과를 성공적으로 창조할 것인가?'에 대한 방법론이 Project Management입니다.

7. Project Management를 사업 관리 또는 프로젝트 관리라 부르는 사람들은 모두 엉터리입니다.

프로젝트 목표

프로젝트를 성공해 본 적 있는가? 아마 NASA^{미국 항공 우주국} 프로젝트의 직원들처럼 부둥켜안고 기쁨의 눈물을 흘릴 것이다. 이 순간을 위해 간절함과 열정으로 프로젝트를 진행하는 것인지 모른다. 만약 이 프로젝트가 실패했다면 이 사람들의 표정과 이 조정실의 분위기는 어떠했을까? 프로젝트 성공은 훌륭하고 귀중하다. 개인에게도 프로젝트 성공은 기쁨이며 행복이다.

ⓒ Brian van der Brug

1   Project Management는 프로젝트 성공을 위한 과학입니다. 따라서 프로젝트 성공과 실패에 대한 보편적 원리가 있습니다.

2   프로젝트 성공 = f(목표). 프로젝트 성공은 목표의 함수입니다.

3   성공이란 목표를 이루는 것입니다. 프로젝트 목표가 없다면 프로젝트 성공도 없습니다. 프로젝트 성공이 없다면 Project Management도 없습니다. 프로젝트는 목표 확정으로 시작해 목표 달성으로 끝납니다.

4   프로젝트 목표는 핏빛보다 선명해야 합니다.

5   간절함과 열정의 출처는 프로젝트 목표입니다. 프로젝트가 성공하기를 바라는 간절한 마음, 프로젝트 목표에 집중하여 열렬한 애정을 가지고 열중하는 열정은 프로젝트 성공을 위한 에너지입니다.

6   프로젝트 실패 = f(연기). 실패는 연기의 함수입니다.

7   '연기'란 활동을 미루는 것입니다. 팀플레이인 프로젝트의 활동들은 서로 간의 약속으로 연결되어 있습니다. 연기하면 약속을 지킬 수 없습니다. 연기하면 프로젝트는 실패합니다.

프로젝트 성공 시스템

The ITER International Fusion Energy Organization, France. 2017년에 인류 최대의 프로젝트라 할 수 있는 ITER 프로젝트의 Dr. Hans[Head of Project Control Office]를 인터뷰했다. 그는 A380 항공기로 유명한 AIRBUS®에서 Project Management를 익힌 세계적인 PM 전문가로 메가 프로젝트인 ITER 프로젝트의 프로젝트 경영 시스템[Project Management System]을 설계했다. "프로젝트 경영 시스템이 확립되어야 Project Management를 할 수 있습니다"라는 그의 말이 맞다.

1 우리가 사는 세계는 시스템입니다. 태양계는 Solar System, 자연계는 Natural System입니다.

2 시스템이란 어떤 목표를 달성하기 위해 구성 요소들이 체계적으로 작동하는 것입니다. 시스템의 포인트는 일사불란입니다.

3 프로젝트도 하나의 시스템입니다. 프로젝트 목표를 달성하기 위해 일사불란하게 작동하는 프로젝트는 성공 가능성이 높습니다.

4 시스템의 반대는 'Ad hoc'입니다. 주먹구구식이란 뜻입니다. 주먹구구식으로는 프로젝트를 성공시킬 수 없습니다.

5 Project Management는 시스템 공학$^{Systems\ Engineering}$과 맥을 같이합니다. 프로젝트 작동 메커니즘인 프로젝트 경영 시스템$^{Project\ Management\ System}$을 얼마나 지혜롭게 설계하여 프로젝트 경영 매뉴얼$^{Project\ Management\ Manual}$에 담아내느냐가 프로젝트 성패를 결정합니다.

6 개인전이 아닌 조직전인 프로젝트의 속성상, 즉흥적으로 대처하기보다 시스템이 작동하도록 프로젝트를 기획^{Planning}, 관리^{Controlling}할 필요가 있습니다.

7 프로젝트 성공 시스템을 창조하는 프로젝트 경영 시스템의 설계 업무가 Project Management의 최고 기술입니다.

PM 매뉴얼

Process	A systematic series of activities directed towards causing an end result such that one or more inputs will be acted upon to create one or more outputs.	단위 업무
Practice	A specific type of professional or management activity that contributes to the execution of a process and that may employ one or more techniques and tools.	업무 방법
Procedure	An established method of accomplishing a consistent performance or result, a procedure typically can be described as the sequence of steps that will be used to execute a process.	업무 절차

매뉴얼 관련 용어에 Process, Practice, Procedure가 있다. 중요한 용어들이라 개념을 정리한다. Process는 '단위 업무'이다. 물 흐르듯 연속된 일을 진행 순서에 따라 하나씩 인위적으로 구별한 각 마디의 일이다. Process 마다의 '업무 방법'이 Practice이다. 좋은 업무 방법은 Good Practice, 가장 좋은 업무 방법은 Best Practice이다. Practice를 다른 사람이 쉽게 따라할 수 있도록 질서 정연하게 표준화한 '업무 절차'가 Procedure이다. 매뉴얼에는 Procedure, Plan, Guide 형태가 있는데 Procedure 형태의 매뉴얼이 가장 많다.

1   프로젝트는 조직전입니다. 조직전에서 승리하려면 질서를 확립해야 합니다. 프로젝트 팀원들의 창의성도 질서 위에서 발휘해야 합니다.

2   특출한 한 사람이 죽어 가는 프로젝트를 살리는 사례가 있습니다. 그러나 그런 특출한 사람은 흔치 않습니다. 프로젝트는 한 사람의 영웅보다 조직력에 승부를 걸어야 합니다.

3   조직력에 승부를 거는 조직은 군軍 조직입니다. 기본적으로 군대는 FM$^{\text{Field Manual}}$에 의해 가동됩니다. Field Manual은 전장에서 적용하는 전투 방법론兵法입니다. 매뉴얼을 몸에 밸 때까지 훈련한 군대가 강합니다. 매뉴얼은 전시에는 전투 방법론, 평시에는 야전 교범입니다. 매뉴얼이 있어야 실전에서의 응용도 가능합니다.

4   매뉴얼이 살아 있는 조직은 일사불란一絲不亂, 매뉴얼이 없는 조직은 오합지졸烏合之卒입니다.

5   프로젝트는 일종의 전투이며 실전이므로 매뉴얼이 필요합니다.

6   매뉴얼은 단위 업무^{Process}의 업무 방법^{Practice}을 업무 절차^{Procedure} 형태로 기술한 문서입니다.

7   프로젝트의 질서, 프로젝트 경영의 FM, 프로젝트 성공 매뉴얼이 바로 Project Management Manual입니다.

축적의 힘

Project Management가 가장 발달한 나라는 단연 미국이다. 특히 DOD^{미국 국방부}, DOE^{미국 에너지부}의 PM 실력은 유명하다. 그 기관들은 모두 PM 성숙도 모델^{Project Management Maturity Model} 기준 최상위 수준인 'Level 5'이다. 2017년에 미국 PM을 발전시킨 주역 중에 한 사람인 DOE의 Stephen W. Meador를 인터뷰했다. DOE의 PM 실력은 DOE의 Project Management Manual에 담겨 있었다. "우리는 지금도 끊임없이 Project Management를 발전시키기 위해 노력하고 있으며 Project Management Manual을 진화시켜 나가고 있습니다"라며 그는 진지하게 말했다.

1   레시피^{Recipe}는 제조법, 처방, 조리법 등의 의미로 R&D, IT, 의료, 식품 산업 등 다양한 분야에서 쓰이는 말입니다.

2   예를 들어 게장을 만들 때 참게, 간장, 멸치 액젓, 생강, 통마늘, 고추, 후추 등 재료 준비에서부터 게의 손질 방법, 재료의 양, 게장 담그는 방법, 삭히는 기간, 보관 방법, 맛있게 먹는 노하우 등을 레시피에 기록합니다.

3   레시피를 보며 조리법을 따라하면 같은 맛을 낼 수 있습니다.

4   프로젝트에도 레시피 개념이 적용됩니다. 프로젝트 레시피는 프로젝트 성공 노하우가 담긴 Project Management Manual입니다. 물론 이 매뉴얼은 대외비$^{Confidential\ Document}$입니다.

5   Project Management 성숙도가 높은 회사일수록 이 매뉴얼을 중시하며, 직원들이 쉽게 따라할 수 있도록 상세히 기록합니다.

6   프로젝트 성공에 유익한 가장 좋은 업무 방법$^{Best\ Practice}$을 꾸준히 발굴하거나 개발하여 매뉴얼에 반영합니다.

7   Project Management Manual에 축적의 힘이 있습니다.

시스템 vs. 임기응변

NASA Space Flight Program and Project Management Manual(총 519 페이지). NASA는 이 매뉴얼의 내용을 Project Management에 적용한다. 이 매뉴얼은 NASA의 Project Management 교육 훈련 프로그램의 기본 교재이다. NASA는 업무 효율성을 높이기 위해 이 매뉴얼의 내용을 전산화한 PMIS(Project Management Information System)를 구축하여 운영하고 있다.

1 시스템은 서양적인 것, 임기응변은 한국적인 것이라 말하는 사람이 있는데, 절대 그렇지 않습니다.

2 시스템은 Process 즉 절도^{節度}와 Procedure 즉 절차^{節次}로 완성되는데, 우리만큼 절도와 절차를 중시하는 민족도 드뭅니다.

3 대한민국은 Project Management의 DNA를 이미 갖고 있습니다.

4 다만 근대에 고난기와 고도 성장기를 거치며 빨리빨리 문화에 희석되었을 뿐입니다. 시스템의 본질은 체계^{體系}인데, 기업들이 체계를 중시하여 정립하고 따를 자세와 여유가 부족했던 것입니다.

5 지금 우리에게는 형식적이 아닌, 프로젝트 성공에 직접적인 영향을 주는 진짜 Process와 Procedure를 정립하는 일이 필요합니다.

6 Project Management에 대한 글로벌 스탠더드를 참고하되, 그 회사의 문화와 실정에 맞는 Project Management Manual을 만들어 나가면서, 올바른 Project Management의 절도와 절차를 정립할 필요가 있습니다.

7 진짜 Project Management Manual을 보유한 회사, 남의 것들을 짜깁기한 매뉴얼을 들고 있는 회사, 그조차도 없는 회사는 Project Management의 세련미가 다릅니다.

PMO

PBO의 PM 성숙도를 측정하는 PMMM[Project Management Maturity Model]이 있다. Level 1은 PM 매뉴얼 없이 프로젝트마다 각자도생하는 조직, Level 2는 형식적 PM 매뉴얼로 PM을 부분적으로 적용하는 조직, Level 3은 독자적 PM 매뉴얼로 PM을 체계적으로 실행하는 조직, Level 4는 조직의 Best Practice를 반영한 PM 매뉴얼로 PM을 생기 있게 실행하는 조직, Level 5는 PM 프로세스의 혁신을 거듭하며 PM을 매우 수준 높게 실행하는 조직이다.

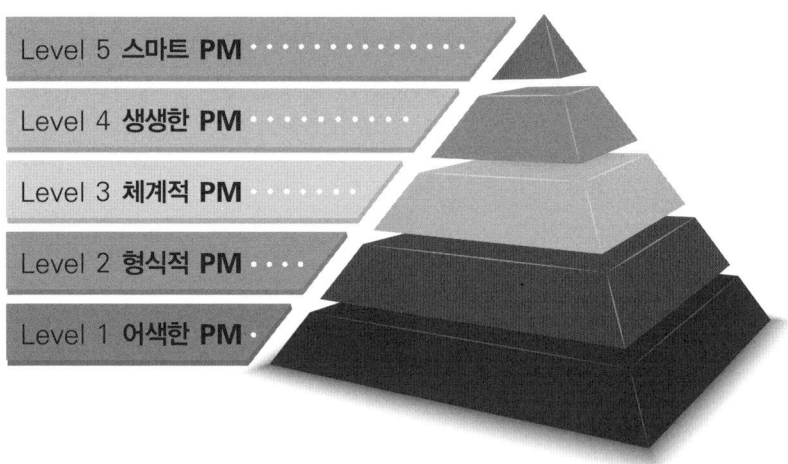

1　Project Management Manual을 보유해야 Project Management Maturity Model의 Level 3 이상인 PBO가 됩니다.

2　이익 창출 목적의 PBO는 시간 절감$^{\text{Time Saving}}$, 원가 절감$^{\text{Cost Saving}}$을 중심으로, 이익을 극대화할 수 있는 Project Management Manual을 보유해야 합니다.

3　R&D 성과 목적의 PBO는 리스크 완화$^{\text{Risk Mitigation}}$, 효과적 소통 $^{\text{Effective Communication}}$을 중심으로, R&D 성과를 극대화할 수 있는 Project Management Manual을 보유해야 합니다.

4　독자적인 Project Management Manual을 아직 보유하지 않은 PBO는 PMO$^{\text{Project Management Office}}$를 운영할 필요가 있습니다.

5　PMO는 Project Management Maturity Level의 향상을 이끄는 PM 전문가 조직$^{\text{Center of Excellence}}$으로 활용할 수 있습니다.

6　PMO는 PM 전문 지식, 프로젝트 경험, 시스템 마인드를 두루 갖춘 에이스들을 조직 내부에서 차출하여 소수 정예로 구성하는 것이 좋습니다.

7　PMO는 조직 체계의 변화를 다루므로 CEO 직속으로 배치해야 하며 변화 저항 세력을 극복할 수 있는 강력한 권한을 부여해야 합니다.

Chapter 3

결정

"프로젝트 실패 원인 1위는 손대지 말아야 할 프로젝트에 손을 댄 것입니다.
프로젝트는 의외로 정직합니다. 실패의 씨앗을 뿌리면 실패를 거둡니다.
무리하게 수주하면 프로젝트는 **성공**하기 어렵습니다."

데이터 기반의 PM

프로젝트 성공의 원칙은 프로젝트 시작 전에 'Do the right project!', 프로젝트 시작 후에 'Do the project right!'이다. 프로젝트 수주 이전에는 수주하기에 적합한 프로젝트인지 올바르게 판단하여 수주해야 한다. 프로젝트 수주 이후에는 올바른 프로젝트 성공 계획을 세워 올바르게 관리해 나가야 한다. 'Right'는 이치에 맞는 합리^{合理}이다. 합리에서 벗어나면 무리^{無理}이다. 데이터 기반의 합리적 의사 결정이 프로젝트를 성공으로 이끈다.

> " *Do the right project!*
> *Do the project right!* "

1 프로젝트 실패 원인 1위는 손대지 말아야 할 프로젝트에 손을 댄 것입니다. 프로젝트는 의외로 정직합니다. 실패의 씨앗을 뿌리면 실패를 거둡니다. 무리하게 수주하면 프로젝트는 성공하기 어렵습니다.

2 프로젝트 제안 단계$^{\text{Proposal Phase}}$에서 해야 할 프로젝트인지 하지 말아야 할 프로젝트인지를 올바르게 감별해야 합니다.

3 PBO의 핵심 경쟁력은 데이터 기반의 PM을 통한 프로젝트 원가 견적$^{\text{Project Cost Estimation}}$의 정확성입니다.

4 프로젝트 실패 원인 2위는 올바르게 프로젝트를 경영하지 않은 것입니다. 프로젝트는 의외로 정직합니다. 실패의 씨앗을 뿌리면 실패를 거둡니다. 무리하게 계획하면 프로젝트는 성공하기 어렵습니다.

5 프로젝트 실행 단계에서 실현 가능한 계획인지 실현 불가능한 계획인지를 올바르게 판단해야 합니다.

6 PBO의 핵심 경쟁력은 데이터 기반의 과학적이며 체계적인 Project Management입니다.

7 Project Management는 데이터로 하는 것입니다. Scope, Schedule, Cost, Risk 관련 데이터의 양과 질은 프로젝트 성패를 가릅니다.

PM의 철학

RIGHTEOUSNESS

"Is it right?" 나의 PM 철학은 의(義, Righteousness)이다. 나는 선택과 결정의 순간에 항상 스스로에게 질문한다. "맞나?" 올바른 의사 결정이 프로젝트 팀원에게 제공하는 Project Management 서비스의 핵심 가치이다. 어떤 결정에 이르기까지 숙고한 후에 스스로에게 던지는 질문. "맞나?" 팀원의 보고를 듣고 그에게 던지는 질문. "맞나?" 나는 프로젝트 팀원들과 함께 올바른 프로젝트를 올바르게 하고 싶다. 당신의 PM 철학은 무엇인가?

1 철학은 선택과 결정의 기준이 되는 원칙^{Principles}입니다.

2 Project Manager는 자기만의 Project Management 원칙을 확립해야 합니다.

3 철학이 없는 Project Manager는 줏대 없이 흔들립니다. 아침에 팀원들 앞에서 말한 결정을 저녁에 바꾸거나, 때마다 다른 결정을 내려 팀원들이 프로젝트의 방향을 예측 불가능하게 만들거나, 무엇 하나 결정할 때 오랜 시간이 걸리거나, 자기가 결정할 사안인데 팀원들을 불러모읍니다. 또한 임원이나 발주 기관 사람을 만나기 두려워합니다.

4 철학은 명료해야 강력합니다. 자기만의 Project Management 철학을 '한마디의 원칙'으로 표현해야 합니다. 그 한마디에는 프로젝트를 성공으로 이끄는 능력이 있어야 합니다.

5 그 한마디의 말은 그 Project Manager가 대내외 고객에게 제공하는 Project Management 서비스의 브랜드입니다.

6 프로젝트 팀원들 앞에서나 발주 기관 사람들 앞에서나 Project Manager의 한마디 철학에는 영향력이 있어야 합니다.

7 유능한 Project Manager는 짧지만 강력한 한마디의 말을 가지고 있습니다.

진짜 목표

프로젝트 목표는 핏빛보다 선명해야 한다. 이 말은 프로젝트의 모든 활동^{Activity}에 쓸 시간과 쓸 돈을 목표에 따라 결정한 데이터가 있다는 의미이다. Oracle P6나 MS Project로 작성한 프로젝트 일정표^{Project Schedule}, MS Excel로 작성한 프로젝트 예산서^{Project Budget}에 입력한 데이터는 모두 작은 목표들이다. 프로젝트 성공은 그 작은 목표들을 이루어 나가는 과정이다. 작은 성공이 모여 큰 성공을 이룬다.

WBS	Activity	Time(Days)	Cost($)
1.2.3. Communication System	Installation	3	300
	Connection	2	200
	Test	1	100

1 프로젝트는 전에 없던 새로운 것을 만드는 도전입니다.

2 창조물^{Deliverable}은 프로젝트 성공의 성과입니다. 기술 관점의 성과는 창조물이며, Project Management 관점의 성과는 프로젝트 성공입니다. 이 둘은 하나로 연결되어 있습니다.

3 프로젝트 성공의 씨앗은 목표입니다. 기술 관점에서 창조물의 형상^{Configuration}을 목표로 결정한 후, Project Management 관점에서 그 창조물을 만들기 위한 활동에 쓸 시간과 돈을 목표로 결정합니다.

4 프로젝트 계획$^{\text{Project Baselines}}$에 결정한 목표를 데이터로 기록합니다. 프로젝트를 진행하는 동안 목표 데이터와 현실 데이터를 대조하며 프로젝트를 관리합니다.

5 프로젝트 팀원은 목표에서 눈을 떼면 안 됩니다.

6 좋은 목표는 데이터의 타당한 산출 근거가 있어 실현이 가능하며, 해당 프로젝트를 진행할 팀원의 도전의식을 자극하는 목표입니다.

7 보여 주기 위한 제출용 목표가 아닌 진짜 목표가 믿고 따를 만한 좋은 목표입니다.

필요 vs. 낭비

필요^{必要} 여부의 판단은 쉽지 않다. 어떤 것이 반드시 요구되는지 검토할 때 결정하기 어려운 조건들이 많기 때문이다. 그렇지만 필요하지 않은 것에 시간과 돈을 쓰는 것은 낭비이다. 프로젝트는 쓸 수 있는 시간과 돈의 양이 정해져 있다. 한정된 시간과 돈을 초과할 수 없는 구조이므로 시간과 돈을 아껴야 한다. 그래서 Project Manager는 '필요한가?'라는 질문을 입에 달고 산다.

1   프로젝트는 시작과 끝이 있는 일입니다. 어떤 필요^{Needs} 때문에 프로젝트를 시작합니다. 필요가 충족되었거나 더 이상 필요가 없으면 프로젝트는 끝입니다. 프로젝트는 필요 때문에 존재하는 한시적^{Temporary} 일입니다. 프로젝트와 필요는 불가분의 관계입니다.

2   프로젝트의 모든 의사 결정 기준은 '필요한가?'입니다. Project Manager는 프로젝트 시작부터 끝까지 팀원들과 다음 3가지 질문을 나누고 함께 정답을 찾아야 합니다.

3   "그 활동을 할 필요가 있는가?"

4   "그 시간을 쓸 필요가 있는가?"

5   "그 돈을 쓸 필요가 있는가?"

6   필요한 활동은 하고, 필요한 시간은 쓰고, 필요한 돈은 씁니다. 반대로 불필요한 활동은 하지 말고, 불필요한 시간은 쓰지 말고, 불필요한 돈은 쓰지 말아야 합니다.

7   필요 여부에 대한 올바른 선택은 프로젝트를 성공으로, 틀린 선택은 프로젝트를 실패로 이끕니다.

결정 장애

적기(適期, Right Time)는 빠르지도 늦지도 않은 알맞은 때이다. 적정(適正, Right Thing)은 덜하지도 더하지도 않은 알맞은 것이다. 적기에 틀린 결정을 하는 것, 적기를 놓친 후 옳은 결정을 하는 것 중 어느 것이 더 나을까? 적기에 틀린 결정을 하면 후회하며, 적기를 놓친 후 옳은 결정을 하면 아쉬워한다. 적기에 옳은 결정을 하면 불필요한 시간이나 돈의 낭비가 없으므로 프로젝트 성공에 유익하다.

구분	적기 결정	부적기 결정
적정 결정	최선	아쉬움
부적정 결정	후회	최악

1 Project Management는 의사 결정의 연속입니다. 파도가 쉼 없이 밀려오듯, 프로젝트의 기술^{Technical}이나 경영^{Management} 관련 사안들이 줄줄이 결정을 기다립니다.

2 '적시에^{Timely}, 적절한^{Right}' 결정을 해 나가는 일이 Project Management의 핵심 기능입니다.

3 프로젝트에서 이루어지는 모든 결정의 궁극적 목적은 오직 프로젝트 성공입니다. 모든 결정은 크든 작든 프로젝트 성공에 효과가 있어야 합니다.

4 적시에, 적절한 의사 결정을 하지 못하면 프로젝트 성공 가능성과 프로젝트 건전성$^{Project\ Health}$을 떨어뜨립니다.

5 결정 장애$^{Hamlet\ syndrome}$라는 말이 있습니다. 생각에 잼^{Jam}이 걸려 결정을 못하거나, 직원들 앞에서 아침에 한 말을 저녁에 뒤집거나, 다음으로 결정을 미루다 타이밍^{Timing}을 놓치는 신경증입니다. 미국의 심리학 연구 자료에 의하면 조직의 약 30% 사람들이 결정 장애를 겪고 있다고 합니다.

6 Project Management는 기획^{Planning} 업무이든 관리^{Controlling} 업무이든 확정^{確定}이 관건입니다.

7 특히 Project Manager의 결정 장애는 프로젝트 성공에 치명적인 영향을 미칩니다.

후원 vs. 간섭

A가 어떤 일을 B에게 위임했다면 B는 그 일의 Manager이며 A는 Manager B가 B의 일처럼 주도적으로 경영하도록 보장해야 한다. Meddling이란 A가 Manager B의 일에 끼어들거나 쓸데없이 아는 체하거나 이래라저래라 불필요하게 간섭하는 것을 의미한다. A가 할 일은 Meddling이 아닌 후원이다. 후원이란 A가 Manager B 뒤에서 그 일이 잘되도록 돕는 Sponsorship이다. 뒤에서 후원해야 할 A가 Manager B보다 앞으로 나서는 순간 Meddling이 된다. Meddling은 파울^{Foul}이다.

1 믿음이란 '맡김'입니다. 믿고 맡기는 것이며, 믿어야 맡길 수 있습니다.

2 권한과 함께 일을 맡기는 것을 위임^{Delegation}이라고 하며, 일과 권한을 맡은 사람을 Manager라 합니다.

3 Management는 관리가 아니라 경영입니다.

4 Manager는 관리자가 아니라 경영자입니다. Project Manager는 관리자가 아니라 Project의 기획^{Planning}과 관리^{Controlling} 업무를 모두 맡은 프로젝트 경영자입니다.

5 회사는 Project Manager에게 프로젝트를 믿고 맡겨야 하며, 믿고 맡겼으면 Meddling하지 말아야 합니다.

6 많은 회사가 관리라는 명분으로 Meddling하려 합니다. Meddling은 많은 회의, 보고 그리고 다단계의 결재, 의사 결정의 지연, 책임 소재의 불명, 업무 미루기, 책임 회피, 불필요한 관리 비용 증가 등의 생산성 저하와 조직력 약화의 원인이 됩니다. 물론, Meddling은 주도적이고 열정적으로 일하려는 사람들의 동기를 약화시키기도 합니다.

7 Delegation이냐 Meddling이냐는 프로젝트 성패에 영향을 줍니다. Meddling의 조직 문화가 형성된 PBO는 Delegation에 대해 고심해 볼 필요가 있습니다.

Manager

Wayne은 이성적인 Project Control Manager, Suzanne은 지성적인 Deputy Project Manager이다. Manager는 결정하는 사람이다. 그러나 혼자서 큰 결정이나 복잡한 결정을 하기는 어렵다. 그래서 결정의 크기와 종류를 나누고 나눈 구역마다 Manager를 배치하여 결정하도록 한다. 예를 들어 Project Schedule Manager는 프로젝트의 시간 관련 사안들을 전문적으로 결정하고, Project Cost Manager는 프로젝트의 돈 관련 사안들을 전문적으로 결정한다. 물론, 프로젝트의 규모에 따라 결정의 크기와 종류가 다르므로 Manager의 수요는 달라진다.

1 위임^{Delegation}은 권한과 함께 일을 맡기는 것입니다. 권한과 일의 원래 소유주를 Owner, 위임을 받은 사람을 Manager라 합니다. Bible에 등장하는 청지기가 Manager입니다.

2 큰 규모의 프로젝트에는 Manager가 많습니다. 예를 들어, 플랜트 엔지니어링 프로젝트의 경우, Project Manager, Project Engineering Manager, Project Procurement Manager, Project Construction Manager 그 밖에 Project Contract/Schedule/Cost/Document Control/Quality Manager 등등 수많은 Manager들을 배치합니다.

3 Manager들이 필요한 이유는 무엇입니까? 정답은 경영 가능 능력$^{Manageable\ Capability}$입니다.

4 한 사람이 감당할 권한과 일의 양은 한계가 있습니다. 그 양이 차고 넘치면 프로젝트 성공을 위협합니다.

5 경영 가능한 적정 분량의 권한과 일을 확정하기, 경영 가능한 적임자를 Manager로 임명하기, Owner가 Manager에게 세련되게 위임하기. 이 3가지가 위임의 기술입니다.

6 위임의 기술이 발달한 조직은 프로젝트를 역동적으로 진행합니다.

7 Owner는 믿음^{Faith}, Manager는 그 믿음에 보답하는 성실함^{Faithfulness}을 증명해야 합니다.

SECRET 2

ANALYSIS

프로젝트 성공을 위한 데이터 기반의 과학적 경영

Chapter 4
정보

"Cost Saving의 핵심은 원가 견적의 정확도를 높이는 것입니다.
이는 공학 설계 수준의 향상과 유효한
프로젝트 데이터의 축적을 통해 가능합니다."

데이터

2006년 5월 25일에 일곱 살 큰 아들에게 자전거 타기를 가르쳤다. 그날 촬영한 사진들을 분석해 보니 자전거 타기를 가르치는 데 총 8분의 시간이 걸렸다. 이 데이터는 2008년 8월 24일에 일곱 살 둘째 아들에게 자전거 타기를 가르칠 때 유용하게 적용할 수 있었다. 프로젝트의 기획과 관리 업무에 활용하는 데이터의 양과 질은 Project Management의 실효성에 직접적인 영향을 준다. 과거에 경험한 프로젝트로부터 얻은 데이터는 새로운 프로젝트의 기획에 유용한 정보이다. 그리고 진행 중인 프로젝트에서 생성되는 유의미한 데이터는 프로젝트의 관리에 필수적인 정보이다.

1 디지털 카메라를 구입한 2000년부터 지금까지 19년째 '디지털 사진 일기'를 기록하고 있습니다. 오늘 기준 356GB 분량으로 56,878장의 사진을 2,863개 폴더에 체계적으로 관리하고 있습니다. 연도/월/일/이름으로 분류하여 언제든지 필요한 사진을 검색하여 볼 수 있습니다.

2 '남는 것은 사진이다'라는 말을 실감합니다. 소중한 모습도 시간이 흐르면 잊힙니다. 기억하기 위해 기록합니다.

3 그 기록은 역사의 정보$^{Historical\ Information}$이며 미래에 소중한 데이터로 활용됩니다.

4 데이터의 종류에는 문자^{Text}, 숫자^{Digit}, 음성^{Audio}, 영상^{Image} 데이터가 있습니다.

5 영상 데이터인 사진은 직관적이며 사실적인 정보라서 활용 가치가 매우 높습니다.

6 디지털 사진 일기를 아이들의 결혼식 날에 선물할 계획입니다. 나로부터 아이들에게 전해질 역사의 정보는 아이들과 그들의 가정을 위한 최고의 유산입니다.

7 마찬가지로 프로젝트 사진 기록은 미래에 소중한 자산$^{Data\ Assets}$이 됩니다. 사진 한 장에서도 Project Management의 디테일이 느껴집니다.

데이터의 선순환

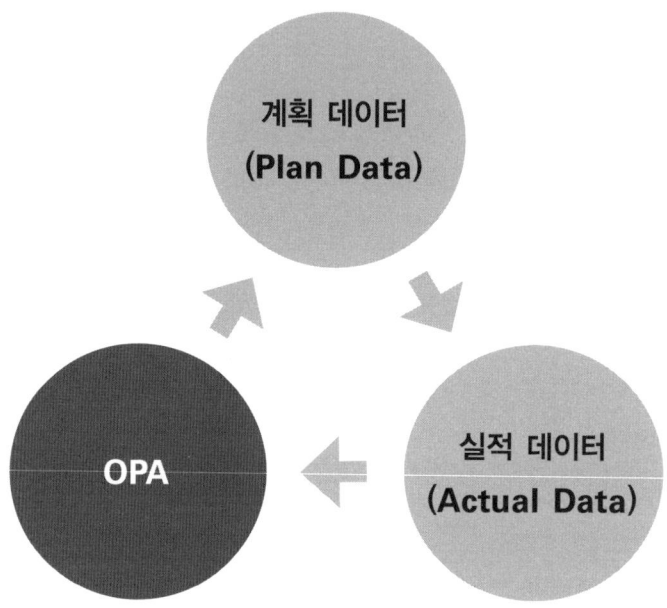

OPA[Organizational Process Assets]는 PBO의 업무 시스템과 업무 지식을 포괄한 개념이다. 업무 지식이란 PBO가 과거 수행한 프로젝트들로부터 축적한 데이터를 말한다. 체계적인 PBO는 전산화된 지식 창고[Organizational Knowledge Repository]를 구축하여 유의미한 데이터를 축적한다. 축적한 데이터는 프로젝트 계획을 수립할 때 소중한 참고 자료로 활용한다. 프로젝트 수행 때 얻은 데이터는 지식 창고에 축적한다. OPA 중심의 프로젝트 데이터의 선순환 구조는 PBO의 경쟁력을 높인다. OPA가 축적의 힘이다.

1 프로젝트를 성공으로 이끄는 Project Management의 약 70% 비중은 프로젝트 기획$^{Project\ Planning}$입니다.

2 프로젝트 기획은 프로젝트 경영 계획서$^{Project\ Management\ Plan}$를 작성하는 일입니다.

3 프로젝트 기획에 실패하는 것은 프로젝트 실패를 기획하는 것과 같습니다.

4 프로젝트 성공은 프로젝트 기획에 달려 있습니다.

5 프로젝트 기획에 실패하는 이유는 프로젝트 기획에 필요한 Project Management 지식의 부족, 시간의 부족, 데이터의 부족, 조직의 협업 능력 부족 등등 다양합니다. 그중 가장 치명적인 원인은 PBO가 프로젝트 기획의 중요성을 인식하지 못해 기획을 간과하기 때문입니다.

6 Project Management가 성숙한 조직일수록 프로젝트 기획을 중시하며, Project Management가 미숙한 조직일수록 프로젝트 기획을 간과하는 경향이 있습니다. 프로젝트 기획의 성숙도와 Project Management의 성숙도는 비례합니다.

7 Project Management 실력의 핵심은 프로젝트 기획이므로 PBO는 프로젝트 기획 능력을 향상시킬 필요가 있습니다.

WBS

Project Management의 3대 원리는 분해의 법칙, 결합의 법칙, 확정의 법칙이다. 분해의 법칙은 여러 부분이 결합되어 이루어진 것을 낱낱으로 나눌 때 적용한다. 결합의 법칙은 둘 이상의 사물이나 사람을 서로 연결하여 하나로 만들 때 적용한다. 확정의 법칙은 프로젝트의 불확실성을 낮추기 위하여 정하지 않은 사항을 확실하게 정할 때 적용한다. 이 원리들은 데이터를 기반으로 프로젝트에 적용된다.

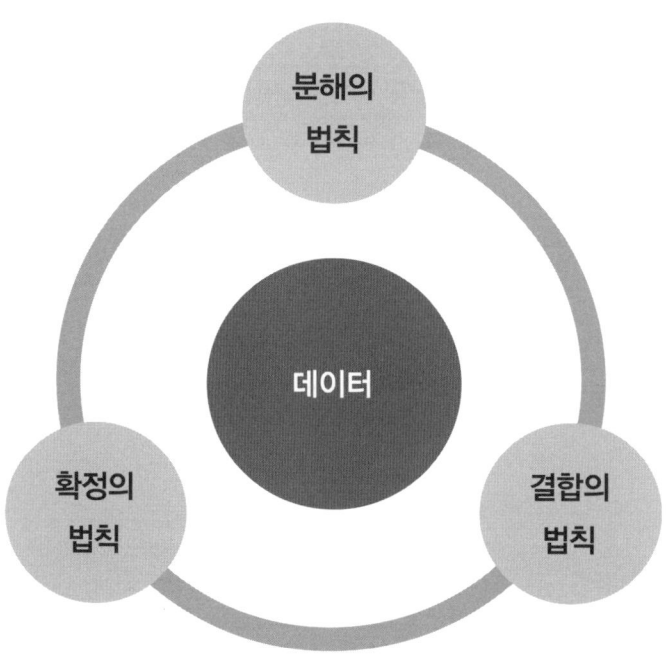

1   Project Management의 원리 중에 하나는 분해의 법칙입니다.

2   프로젝트의 범위에는 성과 범위$^{\text{Scope of Deliverables}}$와 활동 범위$^{\text{Scope of Activities}}$가 있습니다.

3   시스템 공학$^{\text{System Engineering}}$ 관점에서 프로젝트의 성과를 분해하여 성과 내역서(WBS, Work Breakdown Structure)를 작성합니다. 성과 내역서에 포함한 단위 성과$^{\text{Work Package}}$의 창출에 필요한 일을 분해하여 활동 내역서$^{\text{Activity List}}$를 작성합니다.

4   WBS는 현대적 Project Management의 심장과 같은 문서입니다.

5   만약 누군가 "Project Management를 실무에 적용할 때, 가장 중요한 문서는 무엇입니까?"라고 물으신다면, "WBS입니다"라고 답하겠습니다.

6   만약 누군가 "현대적 Project Management를 실무에 적용할 때, 가장 서툴거나 잘못하고 있는 것이 무엇입니까?"라고 물으신다면, "WBS입니다"라고 답하겠습니다.

7   수주 산업에 속한 프로젝트의 경우에 WBS를 올바로 작성하지 않으면 나중에 Schedule Impact, Cost Impact로 인해 프로젝트 성공 가능성은 낮아집니다.

프로젝트 범위

Product Scope과 Project Scope 구분하기는 Project Management 이론을 공부할 때 가장 이해하기 어려운 부분이다. Product Scope은 WBS라는 문서에 정리한다. 미국 PM에서는 WBS라는 용어를 쓰며, 영국 PM에서는 PBS라는 용어를 쓴다. Work에 일이라는 뜻이 있으므로 영국에서는 혼란을 방지하기 위해 Product Breakdown Structure라는 용어를 쓰는 것이다. Project Scope은 Activity List에 정리한다. WBS의 최하위 성과인 단위 성과$^{Work\ Package}$를 창출하기 위한 활동^{Activities}을 정리한 문서이다. 따라서 Project의 Scope은 Product Scope과 Project Scope의 결합으로 완성된다.

프로젝트의 범위(Scope of Project)	
Product Scope	Project Scope
WBS	Activity List
WBS의 예시	Activity List의 예시
1. Communication System 1.1. Telephone Set	• Preparation of Supports • Installation of Telephone Set • Wiring • Final Test

1   Work는 일이라는 뜻도 있지만 성과(成果, Product of Work)라는 뜻이 있습니다.

2   Work Breakdown Structure에 Work는 일이 아니라 일을 통해 이룬 성과를 의미합니다. Creation, Product와 같은 뜻이며 Project Management 용어로 Deliverable과 동의어입니다.

3   성과란 의미의 Work는 작품^{Composition}과도 동의어입니다.

4   Composition을 구성하는 요소들은 Component이므로 Work를 구성하는 요소들은 WBS Component입니다. Composition을 분해^{Decomposition}하면 어떤 Component로 구성되었는지 알 수 있습니다. 그러므로 Work Breakdown Structure는 성과 내역서입니다.

5   예를 들어, Audio System이라는 Work을 Amplifier, Tuner, Cassette Deck, Record Player, Speaker의 다섯 가지 Component로 분해할 수 있습니다. 그 다섯 가지 Component를 100% 결합해야 Audio System을 구성할 수 있습니다.

6   프로젝트는 창조하는 일입니다.

7   프로젝트를 통해 어떤 작품을 만들 것인지 확정하는 WBS 작성하기는 Project Management의 핵심 업무입니다.

활동 순서

Project Management는 효과와 효율을 추구한다. 그래야 성공한다. 효과는 목적 달성이며, 효율은 Input 대비 Output이 좋은 것이다. 모든 활동은 성공이나 실패 둘 중에 하나다. 이 원리는 하나하나의 활동에도 적용되지만 프로젝트 전체에도 적용된다. 얼마나 많은 활동을 하느냐보다 얼마나 효과적이며 효율적으로 하느냐가 중요하다. 아래 그림은 CPM(Critical Path Method)을 적용한 Oracle P6 Software로 작성한 Project Schedule이다. CPM은 프로젝트의 전체 기간을 단축시키거나 지연시키는 활동들만을 선별하여 관리하는 효과적이며 효율적인 방법이다.

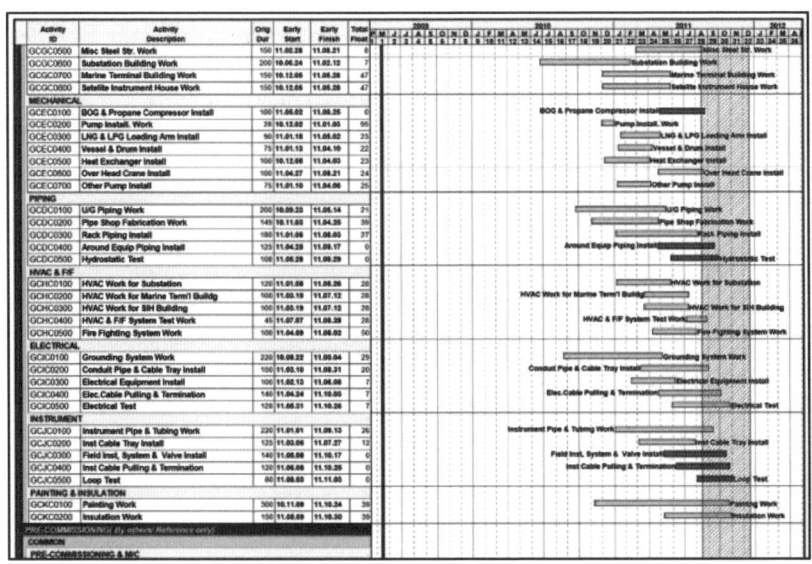

1 많은 PBO들은 고가의 Oracle P6 또는 MS Project Software를 사용하면서도 엉터리 CPM Schedule을 작성합니다.

2 Project Management의 기본인 Schedule Management를 제대로 하는 PBO를 만나기 어렵습니다.

3 Schedule Management에 결함이 있다는 것은 Scope Management와 Cost Management 그리고 Risk Management에도 결함이 있다는 것입니다. 그 모두가 연결되어 있기 때문입니다.

4 CPM Schedule을 작성할 때 활동 기간$^{Activity\ Duration}$ 데이터의 입력보다 활동 순서$^{Activity\ Sequence}$ 데이터의 입력이 훨씬 중요합니다.

5 예를 들어, 'Finish-to-Start' 데이터로 활동 순서를 설정할 때 흔히들 'A activity를 끝내고 B activity를 시작한다'로 대충 설정하는데 그것은 잘못된 설정입니다. 원칙은 'B activity를 시작하려면 반드시 A activity를 끝내야 한다'입니다. 원칙을 모르거나 오해하거나 무시하면 엉터리가 됩니다.

6 형형색색의 화려한 제출용 Schedule보다 진짜 Schedule이 필요합니다.

7 말 그대로 Schedule Baseline인 진짜 Schedule을 작성해야 직원들이 그 Schedule을 믿고, 그 Schedule에서 눈을 떼지 않습니다.

데이터 기반의 글

글로벌 프로젝트는 Letter 전쟁이다. Business Letter를 잘 쓰는 방법이 있다. 계약 문서(Contract Documentation)에 있는 용어와 관련 조항을 따서 그대로 쓰는 것이다. 수주 산업에 속한 프로젝트인 경우 계약 문서를 Letter의 Source로 사용하는 것이 타당하며, 그래야만 Letter의 내용과 논리도 견고해진다. 또 Letter를 작성하기 전에 Mind Map으로 내용을 설계한다. 기/승/전/결에 맞추어, 데이터를 기반으로, 필요한 내용만을 명료하게, 단어의 반복 사용은 줄이고, 모호한 표현은 피하며, 형용사는 되도록 적게 사용한 Letter가 강력하다.

1 원시인이 문화와 문명을 갖춘 현대인으로 발달한 요인은 글(文書, Written Words)입니다. 문명사적 3대 Point는 5,000년 전 중국, 이집트, 이라크에서 만든 문자, 600년 전 독일에서 만든 금속 활자, 30년 전 미국에서 만든 PC와 Internet 기반의 전자 문서입니다.

2 태아는 심장보다 뇌가 먼저 생깁니다. '뇌'는 생명이 깃든 인체의 시작이며 끝입니다. 뇌로 인해 사람은 생각을 합니다. 생각을 글로 정리하고, 남기고, 나눕니다.

3 글에는 능력이 있습니다.

4 원하는 것을 이뤄낼 수 있도록 제안서, 보고서, 공문서 등 프로젝트 문서에 능력을 담아야 합니다.

5 잘 쓴 글에서는 설득의 힘, 신뢰의 힘, 실력의 힘이 강력하게 느껴집니다.

6 잘 작성된 프로젝트 문서는 하나의 작품입니다. 글의 능력을 극대화하는 '엔지니어 작가'가 프로젝트를 성공으로 이끕니다.

7 특히 영작$^{English\ Writing}$의 달인은 프로젝트의 복덩이입니다.

견적의 정확도

예를 들어, 플랜트 엔지니어링 프로젝트처럼 수주 경쟁이 치열한 경우, 견적 금액에 이익 금액을 더해 입찰 금액을 산정할 때 이익 금액을 최소화할 수밖에 없다. 이익 금액을 많이 더하면 입찰 금액이 높아진다. 입찰 금액이 경쟁 회사보다 높으면 프로젝트를 수주할 수 없다. 따라서 수주 경쟁력을 강화하거나 이익 금액을 높이려면 견적한 원가가 적어야 한다. 견적이란 프로젝트에 필요한 비용을 예측해 계산하는 것이다. 그러나 예측의 정확도가 낮으면 차라리 수주하지 말았어야 할 프로젝트를 수주하는 경우도 있다.

1   기업의 존재 이유는 이익창출입니다. 프로젝트로 이익을 창출하는 회사의 경우에 프로젝트 가치는 이익^{Profit}입니다.

2   프로젝트 목표 이익의 달성이 프로젝트 성공입니다.

3   수주한 프로젝트의 가치는 계약 금액$^{Contract\ Price}$에서 목표 원가$^{Project\ Cost}$를 뺀 금액입니다. 계약 금액은 매출로 이어집니다. 매출을 높이고 원가를 낮추면 프로젝트 가치는 높아집니다.

4   '어떻게 하면 Change Order를 통해 매출을 높일까?'

5   '어떻게 하면 Cost Saving을 통해 원가를 낮출까?'

6   Change Order의 핵심은 계약 조건$^{Contract\ Requirements}$을 정확하게 이해하는 것, 모호한 계약 조건을 최대한 이른 시기에 규명하는 것, 데이터를 기반으로 RFC$^{Request\ for\ Change}$를 설득력 있게 작성하는 것입니다.

7   Cost Saving의 핵심은 원가 견적$^{Cost\ Estimation}$의 정확도를 높이는 것입니다. 이는 공학 설계$^{Engineering\ Design}$ 수준의 향상과 유효한 프로젝트 데이터의 축적을 통해 가능합니다.

Chapter 4. 정보   89

Chapter 5
기획

"Planning에 **성공하는 것**은 프로젝트 성공의 70%를 이룬 것입니다.
Planning에 **실패하는 것**은 프로젝트 실패를 계획하는 것입니다."

기술 연동 PM

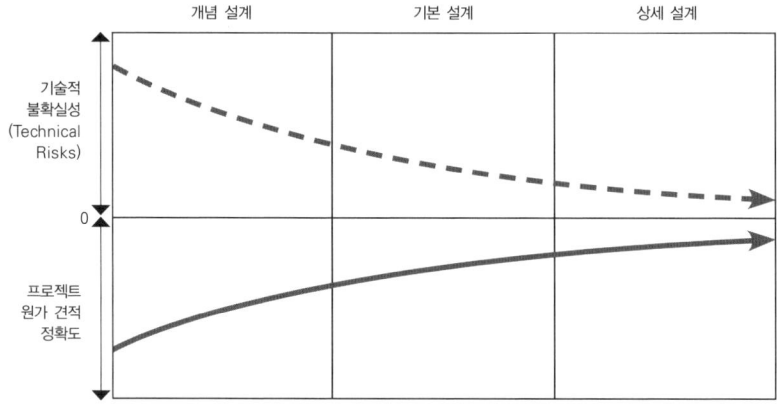

리스크^{Risks}, 불확실성^{Uncertainties}, 미지^{Unknowns}는 모두 동의어이다. 이 모두가 아느냐 모르냐의 문제이다. 아는 것은 리스크가 아니고 모르는 것은 리스크이다. 무엇을 모르는지 아는 일이 Project Risk Management의 핵심 업무이다. 기술적 리스크$^{Technical\ Risks}$가 점점 적어져야 정상적인 프로젝트이다. 프로젝트 첫 날에 리스크가 없다면 프로젝트를 시작할 필요가 없다. 프로젝트 마지막 날에 리스크가 있다면 프로젝트를 끝낼 수 없다. 기술적으로 확실하지 않은 것을 연구하고 개발하여 확실한 것으로 증명하는 Show-up의 과정이 프로젝트이다. 프로젝트는 해 봐야 안다. 이 세상에 모든 프로젝트는 R&D 프로젝트이다. 기술적 리스크의 정도에 따라 도전성의 정도가 다를 뿐이다. 그러므로 새로운 것을 만드는 공학 프로젝트$^{Engineering\ Project}$의 경우에 설계 도서는 필수적인 성과^{Deliverables}이다.

1 프로젝트는 새로운 것을 창조하는 일입니다.

2 무엇을 만드는 기술은 공학(工學, Engineering)입니다.

3 새로운 무엇을 만들려면 공학 설계$^{Engineering\ Design}$를 해야 합니다. 개념 설계$^{Conceptual\ Engineering\ Design}$, 기본 설계$^{Basic\ Engineering\ Design}$, 상세 설계$^{Detail\ Engineering\ Design}$ 등의 공학 설계 과정을 거쳐야 구성품을 만들 수 있고, 조립하고 시험하여 완성품을 만들 수 있습니다.

4 프로젝트는 이 완성품을 만드는 일이므로 완성품을 만들 때 필요한 기술적 활동과 기술적 데이터는 Project Management의 자료입니다.

5 기술적 활동과 기술적 데이터는 시간, 돈, 사람 등 자원 데이터와 Project Management에서 만나 효과적이며 효율적으로 프로젝트가 진행되도록 돕습니다.

6 공학 기술의 점진적 구체화$^{Progressive\ Elaboration}$와 연동된 Project Management의 점진적 구체화를 이해해야만 Project Management를 제대로 할 수 있습니다.

7 그렇기 때문에 미국에서는 Project Management를 Project Engineering이라고도 합니다.

계획이 70%

프로젝트의 속성은 창조이므로 Project Management의 속성도 창조일 수밖에 없다. Progressive Elaboration. 프로젝트를 진행해 나감에 따라 프로젝트 데이터의 양은 늘고 정확도는 높아지므로 처음에 세운 계획을 다듬고 고치고 구체화한다. 이 일을 프로젝트 끝까지 반복한다. 이를 Rolling Wave Planning, 파상(波狀) 기획이라 한다. 매주 또는 매월 또는 매분기 일정한 시간 간격을 두고 끝없이 계획을 다듬고 고치고 구체화하여야 하므로 끝없이 물결치는 파도 모양의 파상 기획이라 부른다. 창조는 한 번에 이루어지지 않는다. 이렇게 시간의 흐름에 따라 다듬고 고치며 만들어 나가는 것이다.

1 문답식 강의를 즐기는 소크라테스가 Project Management를 강의한다면 "왜 프로젝트를 Management하는가?"라고 질문할 것입니다. 정답은 "프로젝트 성공을 위하여!"입니다.

2 "Management는 경영인가? 관리인가?"라는 질문도 할 것 같습니다. 경영이 정답입니다.

3 Project Management의 Management를 경영이라 인식하면 프로젝트 경영자^{Manager}가 되고, 관리라 인식하면 프로젝트 관리인^{Keeper}이 됩니다.

4 Management = Planning(70%) + Controlling(30%).

5 Project Management의 70%는 프로젝트 성공 계획을 다듬어 나가는 일입니다. 프로젝트 진행에 맞춰 상세 계획을 세우고 당초 계획을 변경하는 등 기획 업무는 지속됩니다.

6 Planning에 성공하는 것은 프로젝트 성공의 70%를 이룬 것입니다. Planning에 실패하는 것은 프로젝트 실패를 계획하는 것입니다.

7 미래를 정확히 예측할 수 없는 인간이 세운 계획이기 때문에 프로젝트 진행 중 계획의 변경은 불가피합니다. 계획과 현실의 차이를 찾아 그 차이를 없애려는 노력을 관리^{Controlling}라 합니다.

원가 절감

```
계약 금액   (Contract Price)
− 일반 관리비 (Operation Cost)
− 목표 이익   (Target Profit)
─────────────────────────
  실행 예산   (Project Budget)
```

위 공식은 고객$^{Project\ Owner}$이 발주한 프로젝트를 수주하여 이익을 창출하는 PBO에게 해당된다. 목표 이익$^{Target\ Profit}$의 실현을 위해 실행 예산 이내$^{Within\ Project\ Budget}$에서 프로젝트를 끝내야 한다. 목표 이익을 남겨야 프로젝트 성공이다. 일반 관리비는 회사 운영비이므로 프로젝트에서 다루는 돈이 아니다. 프로젝트에서 다루는 돈은 실행 예산이다. 실행 예산은 프로젝트의 목표 원가$^{Target\ Cost}$이다. 그러므로 목표 원가 이내에서 프로젝트를 끝내야 프로젝트 성공이다.

1. Cost Saving 즉 원가 절감은 수주 산업에 속한 PBO의 숙명입니다. Cost Saving의 목적은 경영진이 승인한 실행 예산 이내에서 프로젝트를 종결하는 것입니다.

2. 작은 성공이 모여 큰 성공이 됩니다.

3. 프로젝트의 세포로 비유되는 Activity의 성공이 모여 프로젝트 성공이 됩니다. Activity를 실행 예산 이내에서 끝내야 Work Package를 실행 예산 이내에서 끝내고, 나아가 프로젝트를 실행 예산 이내에서 끝냅니다.

4. Saving은 절감보다는 절약과 제어를 합한 절제에 더 가까운 말입니다. Cost Saving에서 눈을 떼지 않고 악착같이 절약하고 제어하는 조직은 Project Management를 잘하는 조직입니다.

5. 계약 금액 − 일반 관리비 − 이익 = 실행 예산. 이 공식에 의하면 프로젝트 성공은 Cost Saving의 함수입니다.

6. 기업의 존재 이유가 이익 창출이라면, 프로젝트의 존재 이유는 목표 이익의 창출입니다.

7. Project Management의 궁극적 목적은 Cost Saving을 통한 목표 이익의 창출입니다.

경영 아이템

Project Management. 과연 프로젝트의 무엇을 경영할 것인가? 미국의 Project Management 스탠더드 ANSI/PMI 99-001-2017에는 프로젝트 경영의 대상으로 10가지를 제시하고 있다. 프로젝트의 범위^{Scope}, 시간^{Time}, 돈^{Cost}, 품질^{Quality}, 사람$^{Human\ Resource}$, 정보^{Communications}, 리스크^{Risk}, 외주^{Procurement}, 이해관계자^{Stakeholder}, 융합^{Integration}이다. 물론 프로젝트의 특성에 따라 항목을 추가하거나 뺄 수 있다. 프로젝트를 시작할 때 무엇을 경영할지 정해야 한다. 특히 프로젝트의 집중 경영 항목을 정하는 것이 좋다. 예를 들어, 기술적 난이도가 높은 도전적인 R&D 프로젝트의 경우에 리스크, 범위, 융합 등을 집중 경영 항목으로 선정할 수 있다.

1   활동^{Activity}은 프로젝트 세포에 비유할 수 있습니다. 프로젝트 규모에 따라 수십 개에서 수만 개까지의 활동이 있을 수 있습니다.

2   각 활동에 자원^{Resources}을 투입합니다. 자원은 시간, 돈, 사람, 재료로 구분합니다.

3   Project Time Management에서 시간$^{Time\ Resource}$을, Project Cost Management에서 돈$^{Financial\ Resource}$을, Project Human Resource Management에서 사람$^{Human\ Resource}$을, Project Procurement Management에서 재료$^{Material\ Resource}$를 다룹니다. Project Management에는 Resource 관련 업무가 많습니다. Resource Management가 중요하기 때문입니다.

4   기업의 존재 이유는 이익 창출입니다.

5   기업의 본능은 적은 자원을 들여 많은 성과를 내는 것입니다.

6   더 많은 이익 창출이라는 기업 목적을 달성하기 위해 경영의 개념이 생겨났습니다.

7   인간의 이성과 지성으로 프로젝트 성공 계획을 세운 후 그 계획을 기준으로 관리하며 적은 자원을 들여 많은 성과를 내는 방법이 Project Management입니다.

R&R

공동의 목표를 달성하기 위해 여러 사람이 모여 마치 한 사람처럼 일하는 모둠을 팀이라 한다. 팀을 만든 이유는 해내야 할 일이 혼자서는 할 수 없으므로 서로가 필요하기 때문이다. 팀이라 부르지만 모래알처럼 모여만 있는, 무늬만 팀인 프로젝트 팀들도 많다. 이런 팀은 냉랭하거나 이기적이거나 소통하지 않는다. 여럿이 하나처럼 일하는 협업이 발현되어야 팀이다. 서로가 필요해서 모였으니 서로의 필요를 채워 주는 것이 바로 사랑이며, 협업의 생명이다. 협업은 시간이고 돈이다. 협업에 균열이 생기면, 그 틈으로 프로젝트의 시간과 돈이 줄줄 새고 리스크가 들어찬다. 그러므로 Project Manager는 프로젝트 팀원들에게 강조할 말이 있다. "서로 사랑하라!"

1　프로젝트는 조직전이며 팀플레이입니다. 그래서 프로젝트 수행 조직을 프로젝트 팀이라 부릅니다.

2　Role 중심의 기업 문화가 프로젝트 성공에 유리합니다.

3　Role은 연극에서 나온 말로 역할이 아니라 역^{役}이며 Job Position입니다. 조직표를 작성할 때 우선 프로젝트 성공을 위해 필요한 역들이 무엇인지를 정하는 일이 중요합니다.

4　연극에서 역을 나누는 일을 배역이라 합니다. 연극의 성패는 배역에서 이미 결정됩니다. 중요한 역을 맡을 적임자가 없다면 그 연극은 훌륭한 작품이 되기 어렵습니다.

5　역을 나누었으면 할 일을 정해야 합니다. 그 할 일을 Responsibility라 합니다. Responsibility는 Duty와 동의어로 일반적으로는 의무, 군대에서는 임무, 회사에서는 직무입니다.

6　프로젝트의 역무$^{Roles\ \&\ Responsibilities}$를 확정하는 것을 조직화^{Organizing}라 합니다. 조직화에 실패하면 조직전인 프로젝트는 실패 가능성이 높아집니다.

7　역을 맡을 '사람'과 직무를 완수할 '능력'이 프로젝트 조직화의 관건이므로 기업은 미리미리 계획적인 교육 훈련을 통해 플레이어를 양성해 놓아야 합니다.

후진 기획

아래 도표는 프로젝트 성패 판정표의 예시이다. 프로젝트 성공의 기준은 무엇일까? 보편적으로 프로젝트 성공은 목표 기일과 실행 예산 이내에, 목표 성과를 창출하는 것이다. 그러나 프로젝트 성공의 구체적인 기준은 프로젝트마다 다르다. 프로젝트 성공 기준이 불분명한 것은 프로젝트 목표가 불분명한 것과 같다. 측정 가능 데이터로 프로젝트 성공 기준을 설정하면, 프로젝트 성패 판정 때 논란의 여지를 없앨 수 있다.

구분	프로젝트 성과	프로젝트 기간	프로젝트 원가
계획	계약 성능 1000MW	36개월	실행 예산 7,000억 원
실적	성능 검사 합격	36개월	정산 원가 6,700억 원
판정	프로젝트 성공		

1 현재에서 미래를 향한 기획 방법은 전진 기획$^{Forward\ Planning}$입니다.

2 미래에서 현재를 향한 기획 방법은 후진 기획$^{Backward\ Planning}$입니다.

3 프로젝트 기획 때 사람들은 본능적으로 전진 기획을 합니다. 그러나 프로젝트를 기획할 때는 전진 기획과 후진 기획을 모두 해야 합니다. 후진 기획을 통해 프로젝트 성공에 대한 더 많은 영감을 얻을 수 있기 때문입니다.

4 Project Management의 목적은 프로젝트 성공입니다. 프로젝트는 끝이 좋아야 합니다.

5 전진 기획은 '어떻게 성공할 것인가?'에 후진 기획은 '어떻게 성공했는가?'에 관심이 있습니다.

6 후진 기획 때 프로젝트 팀은 다음 질문에 대한 답을 찾아야 합니다. "이 프로젝트가 성공했다고 가정해 봅시다. 프로젝트 성공의 구체적인 모습^{Vision}은 무엇입니까? 그리고 그 모습을 이룰 수 있었던 이유와 방법은 무엇입니까?"

7 후진 기획은 프로젝트를 바라보는 눈을 바꿉니다.

프로젝트 일기

'타깃'. 나의 일기 양식이다. 인생은 소중하다. 소중한 것은 경영해야 한다. 인생은 프로젝트이다. 인생 프로젝트 경영Life Project Management 이 필요하다. 이루고 싶은 것을 목표로 정하고 그 목표를 이루기 위해 최선을 다해 노력하는 것. 이것이 경영의 원리이다. 기업 경영이든 프로젝트 경영이든 가정 경영이든 인생 경영이든 이 원리는 동일하다. 그야말로 시간은 생명이며 인생이다. 인생의 세포는 하루이다. 하루에는 인생 DNA가 고스란히 담겨 있다. 인생 경영은 하루 경영이다. 하루의 성공을 계획하고 관리하기 위해 일기를 쓴다. 일기를 쓰는 사람은 인생을 경영하는 사람이며, 인생을 경영하는 사람은 일기를 쓰는 사람이다. 일기는 성공의 수단이다. 영국 Project Management에서는 프로젝트 일기Daily Log를 매우 강조한다.

1 저는 30년째 일기를 쓰고 있습니다. 일기는 진화하여 지금은 '타깃'이라는 독창적 포맷에 손 글씨로 씁니다.

2 일기의 진수는 하루의 삶을 디자인하는 '기획^{Planning}'입니다. 계획한 대로만 살 수는 없지만 계획은 오늘 삶의 기준^{Baseline}이 됩니다.

3 '타깃'은 나만의 행복 경영 시스템입니다.

4 인생은 '30,000일 프로젝트'입니다. 평균 수명 82.2세에 1년 365일을 곱하면 30,000일입니다. 제 인생은 오늘을 기준으로 17,310일(57.7%)이 지났고, 12,690일(42.3%)이 남았습니다. 활동 시간 계산식에 의하면 남은 실질 활동 시간은 5,368일입니다.

5 인생은 짧고 시간은 귀합니다. 시간은 프로젝트의 절대 가치입니다. 시간이 있어야 프로젝트를 합니다.

6 프로젝트를 성공으로 이끄는 사람은 시간 감각$^{Time\ Sense}$이 있습니다. 시간 감각이 있는 사람은 불필요한 활동에 시간을 쓰지 않습니다. 특히 불필요한 회의와 불필요한 서류 업무는 시간 도둑입니다.

7 Time Saving! 프로젝트 성공을 위해 시간을 아껴야 합니다. 시간은 창조주로부터 값없이 받은 최고의 선물입니다.

Chapter **6**

관리

"조직력의 누수는 프로젝트의 시간과 돈의 낭비로 이어집니다.
자기 관리도 어려운데 어떻게 다른 사람을 관리할 수 있겠습니까?
사람은 관리의 대상이 아닌 **사랑의 대상**입니다."

사람
사랑

성공 또는 실패, 이익 또는 손해로 귀결되는 프로젝트. 이와 같은 프로젝트 환경에서 Project Management와 사랑은 어떤 관계가 있을까? 표면적으로는 보이지 않지만, 사랑은 프로젝트 성공에 절대적으로 필요하다. 사랑은 망해 가는 프로젝트도 살린다. Project Management에서 사랑의 힘은 강력하다. 기계는 관리[Control]의 대상이지만 사람은 사랑의 대상이다. 사랑이란 자신의 것으로 다른 사람이 잘되도록 돕는 행위이다. 프로젝트 팀원들이 서로 도우며 사랑으로 '하나'가 되면 험난한 프로젝트도 성공시킬 수 있다. 프로젝트는 사랑의 플랫폼이다. 가장 기초가 되며, 가장 강력한 프로젝트 성공의 원리는 사랑이다. 이 표현은 시적인 메타포가 아닌, 프로젝트의 현실이며 Project Management 실무이다.

1   프로젝트는 조직전입니다. 조직전 승리의 관건은 조직력입니다. 프로젝트 조직이란 사람뿐만 아니라 조직표와 분업 및 협업 체계를 포괄하는 하나의 시스템입니다.

2   사람은 변수이지만, 나머지는 상수입니다. Project Human Resource Management는 변수인 사람을 쫓아다니며 관리^{Control}하는 것이 아니라, 사람을 둘러싼 나머지 요소들을 확정함으로써 조직의 질서를 정하여 사람이 더 좋은 성과를 창출할 수 있도록 돕는 것입니다.

3   조직력은 질서에서 나옵니다. 조직력 있는 조직은 일사불란합니다. 축구 경기에서도 어디로 튈지 모르는 공만 계속 쫓아다니면 오합지졸이지만, 정해진 포지션에 충실하면 일사불란합니다.

4   조직력의 누수는 프로젝트의 시간과 돈의 낭비로 이어집니다.

5   자기 관리도 어려운데 어떻게 다른 사람을 관리할 수 있겠습니까?

6   사람은 관리의 대상이 아닌 사랑의 대상입니다.

7   사람을 둘러 싼 요소들을 관리함으로써 사람을 돕는 것이 올바른 Project Human Resource Management입니다.

산으로 가는 프로젝트

프로젝트 성공을 위해, 결정적 성공 요인^{Critical Success Factors}을 정확히 파악하여 그 문제의 해결에 집중해야 한다. 기술적 난제를 해결하지 못하면 프로젝트를 성공시킬 수 없다. 예를 들어 전기 자동차 개발 프로젝트의 포인트는 전지이다. 아무리 화려한 외형의 전기 자동차를 개발하더라도 전지 문제를 해결하지 못하면 프로젝트를 성공시킬 수 없다. 결정적 성공 요인에 집중하지 않으면 프로젝트는 자칫 산으로 가기 쉽다. 힘의 작용 원리와 비슷하다. 프로젝트의 원심력을 구심력으로 잡지 못하면 프로젝트는 튕겨져 산으로 간다.

1 프로젝트를 성공으로 이끄는 사람은 포인트를 잘 잡아냅니다. 남들이 어떤 사안의 '현상'을 볼 때, 포인트를 잘 잡아내는 사람은 그 사안의 '핵심'을 간파합니다.

2 겉을 보는 사람은 'What?'에 관심이 있지만, 속을 보는 사람은 'Why?' 에 집중합니다.

3 현상을 보는 사람은 겉에서 헤매지만, 보이지 않는 것을 보는 통찰력 ^{Insight} 있는 사람은 어둠에서 빛을 보듯 포인트를 봅니다.

4 논리, 지식, 경험에서 나온 느낌과 생각으로 겉에서 속으로 파고들어 포인트를 끄집어냅니다.

5 보고를 받을 때는 포인트를 꿰뚫는 질문을 던지고, 보고를 할 때는 포인트를 명료하게 설명합니다.

6 말썽이가 많은 프로젝트는 방황합니다. 여러 사람이 저마다 제 주장대로 배를 몰려고 하면 결국에는 배가 물로 못 가고 산으로 올라갑니다.

7 산으로 가는 프로젝트가 되지 않으려면 Project Manager가 이슈의 포인트를 잡아내어 과단성 있게 끌고 나가야 합니다.

하지 말아야 할 3가지

프로젝트에 참여한 사람들은 말조심을 해야 한다. 말에도 품질^{Quality}이 있다. 말을 잘하면 프로젝트 성공에 유리하다. 어떤 사람이 말을 잘하는 사람인가? 필요한 정보를, 필요한 때, 필요한 사람에게 말하는 사람이다. 어떤 사람이 말을 못하는 사람인가? 불필요한 정보를, 불필요한 때에, 불필요한 사람에게 말하는 사람이다. 말을 조심하지 않으면 자신의 소중한 것을 남에게 거저 주고도, 더 빼앗겨야 하는 어리석은 상황이 발생한다.

1. 인간 심리가 프로젝트 성패에 결정적 영향을 줄 수도 있습니다.

2. 다음의 3가지를 조심하면 프로젝트 성공에 유리합니다.

3. 삐지게 하지 말아야 합니다! 어떤 사람이 성나거나 못마땅해서 마음이 토라지면 프로젝트 성공에 부정적 영향을 줍니다. 특히 프로젝트 발주 기관 사람을 삐지게 하면 프로젝트는 꼬입니다. 할 말은 하더라도 사람의 마음은 보호해야 합니다. 일보다 사람이 우선입니다. 우선순위가 바뀌면 일과 사람 모두 꼬입니다.

4. 놀라게 하지 말아야 합니다! 문제를 감추고 있다가 폭로하면 놀랍니다. 사람은 예측 가능한 것을 좋아합니다. 놀란 만큼 상대에 대한 믿음은 적어지고 의심은 많아집니다. 과도한 문서 요구는 의심의 증거입니다. 불필요한 문서가 많아지면 프로젝트는 무거워지고 느려집니다.

5. 모르게 하지 말아야 합니다! 사람은 아는 것을 좋아합니다. 필요한 정보를 필요한 사람에게 필요한 때 알리는 것이 상책입니다. 모르게 해도 다 알게 됩니다.

6. 만약 상대방의 언행을 이해할 수 없을 때 입장을 바꿔 생각하는 것도 좋은 방법입니다.

7. 남에게 대접을 받고자 하는 대로 남을 대접하는 황금률의 원리는 프로젝트에도 그대로 적용됩니다.

타이밍

아래 그림에서 보듯, 적기보다 빠르거나 늦으면 시간 위에 있는 일이 굴러 떨어진다. 마치 과일을 너무 빨리 따면 맛이 없어 못 먹고 너무 늦게 따도 맛이 없어 못 먹는 것과 같은 원리이다. Project Management를 잘하는 사람은 "빨리빨리"를 외치며 서두르지도 않고, 차일피일 미루며 게으르지도 않다. 프로젝트의 타이밍을 자꾸 놓치면 프로젝트는 걷잡을 수 없이 꼬인다. 특히 프로젝트 초기에 타이밍을 놓치지 않도록 주의해야 한다. 타이밍을 놓치면 결국 돈으로 해결해야 할 경우가 많다.

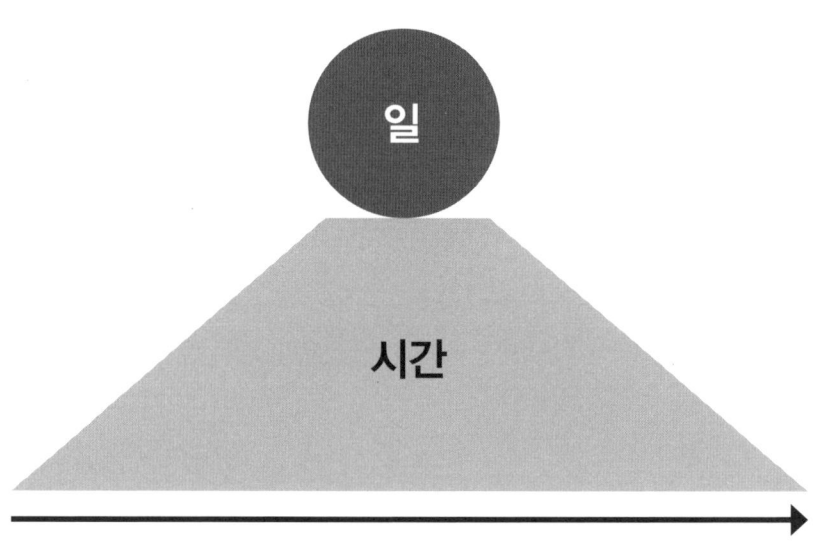

1 프로젝트는 시간^{Time}이 정해진 한바탕의 일입니다. 한바탕의 준말은 한탕입니다. 프로젝트는 우리말로 '한탕'입니다. 가볍지만 사전적인 표현입니다.

2 프로젝트와 시간은 떼려야 뗄 수 없습니다.

3 프로젝트는 타이밍^{Timing}입니다.

4 타이밍이란 효과가 가장 크게 나타나도록 속도를 맞추거나 알맞은 때를 포착하는 기술입니다. 적기보다 빠르거나, 늦으면 타이밍을 놓친 것입니다.

5 타이밍을 놓치면 프로젝트 성공 가능성은 낮아집니다.

6 모든 일에는 때(適期, Timing)가 있습니다. 비즈니스 레터를 보낼 때, 클레임을 제기할 때, 공격할 때, 방어할 때, 조일 때, 풀어줄 때 Project Management를 잘하려면 타이밍을 놓치지 말아야 합니다. 특히 보고$^{Escalation\ Report}$의 때를 놓치면 안 됩니다. 문제는 언젠가 문제가 됩니다. 나만 알 것 같은 문제는 언젠가 모두가 아는 문제가 됩니다. 어려운 문제는 움켜잡고 있지 말고, 확대시켜 함께 풀어야 합니다.

7 철부지란 철^{Timing}을 모르는^{不知} 사람입니다. 타이밍을 놓치면 철부지가 됩니다.

프로젝트 리스크

모르는 것이 무엇인지를 모르는 것이 가장 큰 리스크이다.

리스크는 과거나 현재의 것이 아닌 미래에 관한 것이다. 확실한 것은 리스크가 아니다. 리스크는 불확실한 것이며 아직은 모르는 미지의 것이다. Project Risk Management의 시작은 모르는 것이 무엇인지를 아는 것이다. 리스크가 많은 프로젝트는 도전성이 높은 프로젝트이다. 극단적으로 리스크가 전혀 없다면 프로젝트가 아니다. 프로젝트는 리스크 덩어리이다. 리스크가 너무도 많기 때문에 모든 리스크를 쫓아다닐 수 없다. 그래서 프로젝트 성공에 영향을 주는 정도가 큰 긍정적 또는 부정적 리스크의 우선순위를 정하여 효율적으로 관리한다. 프로젝트를 추진해 나가면서 하나하나 불확실한 것을 확실한 것으로 바꿔나가는 과정이 창조이다.

1 잘못 알면 일을 잘못합니다. Project Management에 대한 올바른 개념 파악은 프로젝트 성공을 돕습니다.

2 리스크를 위험^{危險}이라고 해석하면 반쪽짜리 Project Risk Management를 하게 됩니다. 리스크의 본질은 미래의 불확실성^{Uncertainty}이며 미지^{Unknown}입니다.

3 리스크는 위기^{危機}입니다. 프로젝트 성공을 위협^{威脅}하는 Negative Risk^{Threat}와 프로젝트 성공의 기회^{機會}인 Positive Risk^{Opportunity}를 합한 말입니다.

4 Project Management를 위해서는 매크로^{Macro}와 마이크로^{Micro}를 넘나드는 능력이 필요합니다.

5 매크로하게는 프로젝트의 전체적인 리스크로부터, 마이크로하게는 프로젝트의 활동^{Activity} 단위까지의 리스크를 밝혀 낼 수 있어야 합니다.

6 그 방법은 WBS와 Activity List를 하나하나 훑어가면서 크고 작은 위협과 기회 두 종류 모두를 발굴해서 찾아내고, 찾아낸 위협과 기회 중에 우선순위를 중심으로 올바른 대응계획$^{Response\ Plan}$을 세워, 그 계획을 기준으로 관리해 나가는 것입니다.

7 이 일은 프로젝트 시작부터 끝까지 반복해야 하므로 리스크 관리대장$^{Risk\ Register}$을 만들어 관리합니다.

이지

Project Management를 잘하는 사람은 교만하거나 독선적이지 않다. 어떤 사안에 대해 자기보다 더 많이 알거나 더 정확히 아는 사람, 더 많은 정보를 갖고 있거나 더 정확한 정보를 갖고 있는 사람, 더 많이 경험하거나 더 정확히 경험한 사람을 찾아가서 묻는다. 설령 그 사람이 자기보다 직급이 낮거나 나이가 적어도 상관하지 않는다. 이것을 '더 잘 아는 사람을 찾아 조언 구하기$^{Expert\ Judgement}$'라 한다. 늘 겸손한 태도로 지혜를 구해야 한다. 프로젝트는 리스크 덩어리이기 때문에 겸손이 상책이다. 고개를 빳빳이 드는 순간 긍정적 리스크^{Opportunity}를 놓치거나 부정적 리스크^{Threat}에 당한다.

1 이성^{理性}은 인간의 합리적인 생각 능력입니다. 지성^{知性}은 인간의 지혜로운 생각 능력입니다. 이성과 지성의 원류는 생각 능력입니다.

2 인간은 생각 능력과 그 생각을 말이나 글, 특히 글로 통하는 능력을 받았습니다. Project Management는 생각, 말, 글의 능력을 최대한 활용합니다.

3 Project Management의 본질은 '생각'입니다. 프로젝트를 성공으로 이끄는 기획^{Planning}과 관리^{Controlling}의 근원은 이성과 지성입니다.

4 개인의 이성과 지성. 개인들의 모임인 집단의 이성과 지성. 집단 이성과 집단 지성을 가능하게 하는 통(通, Communication)을 통해 리스크 덩어리인 프로젝트를 성공시켜 나가는 것입니다.

5 올바른 Project Management는 개인의 이성과 지성의 동기를 부여하고, 집단의 이성과 지성이 잘 통하도록 돕습니다.

6 생각, 말, 글로 프로젝트 성공을 창조하는 Project Management는 인간의 위대한 능력입니다.

7 합리와 지혜의 이지^{理智}에 눈을 뜨면 프로젝트 성공을 쉽게^{Easy} 이룰 수 있습니다.

공감

한 사람이 한 프로젝트만 하면 좋겠지만, 기업이든 기관이든 한 사람이 여러 프로젝트에 이름을 올리는 경우가 다반사이다. 이런 현실에서 프로젝트 팀원 중 누군가는 프로젝트 회의에 참석하는 것조차 부담스러워 할 수 있다. Project Manager의 입장에서 보면, 팀원들의 참여와 몰입을 이끌어 내는 것이 매우 중요한 일이다. Project Manager는 지혜로운 리더십을 발휘하여, 팀원들이 프로젝트를 이해하고 공감하고 몰입할 수 있도록 이끌어야 한다. 우선 사람의 마음을 얻어야 한다. 기술적으로든, 경영적으로든, 인간적으로든 '존경 받는 Project Manager'가 되는 것이 상책이다.

1. Project Management는 과학입니다. 그러나 과학보다 더 중요한 것이 프로젝트를 반드시 성공시키고야 말겠다는 임직원들의 투지^{鬪志}입니다. 과학과 투지가 만나야 프로젝트 성공을 낳을 수 있습니다.

2. 프로젝트에 대해 프로젝트 팀원들이 공감^{共感}하지 못하면 프로젝트 성공 가능성은 낮아집니다.

3. 공감은 동기화^{Sync}입니다.

4. 프로젝트 성공을 위해서는 Project Manager를 중심으로 프로젝트 팀원들이 동기화되어야 합니다. 무엇보다도 프로젝트의 목적, 목표, 계획이 동기화되어야 합니다.

5. 동기화는 서로 다른 곳을 가리키는 시계의 시침을 같은 시각이 되도록 맞추듯이 프로젝트 팀원들이 프로젝트 정보의 이해 수준을 같이 맞춰 나가는 것입니다.

6. 공감의 조건은 이해입니다. 이해를 위한 가장 좋은 방법은 함께할 수 있도록 참여시키는 것입니다. 특히 Project Manager가 공감이 필요한 팀원들을 프로젝트 기획 때부터 참여시키는 것은 이해를 통해 공감을 이루는 현명한 방법입니다.

7. 팀원들이 프로젝트를 이해해야 공감할 수 있고, 공감해야 몰입할 수 있고, 몰입해야 프로젝트를 성공시킬 수 있습니다.

SECRET 3
PATIENCE

프로젝트 성공을 위한 끊임없는 노력

Chapter **7**

겸손

"현재 대한민국의 PBO들은 **'겸손 경영'**이 필요합니다.
임직원 모두가 겸손해야 합니다.
특히 상위 의사 결정권자일수록 더욱 겸손해야 합니다."

끌어당김의 법칙

프로젝트 성공 원인 1위는? 노력^{Endeavor}이다. 프로젝트의 목표를 달성하기 위해, 어려움이나 괴로움을 이겨 내면서 애쓰거나 힘쓰는 노력. 그러나 개인의 노력이 아닌 프로젝트 팀 차원의 시스템적인 노력이다. 효율적이며 효과적인 노력을 위해 프로젝트 팀은 하나의 생명체가 되어야 한다. 프로젝트 성공이라는 공동의 목적을 위해 서로가 서로의 필요를 충족시키는, 서로가 서로를 필요로 하는, 서로가 서로를 끌어당기는 조직체가 바람직한 프로젝트 팀이다.

1 성공에도 실패에도 이유가 있습니다.

2 많은 프로젝트가 조직과 사람의 문제 때문에 실패합니다. 프로젝트가 하나됨$^{Project\ Unification}$을 이루지 못하면, 사막의 모래처럼 조직 점성 $^{Organizational\ Viscosity}$이 약합니다. 질서와 조화는 보이지 않고, '우리'가 아닌 각자, 팀 목표보다 자기 방어에 집착합니다. 잘난 사람들, 말 많은 사람들이 많습니다.

3 조직 점성이 강한 팀은 중심, 도움, 소통이 있습니다. 겸손한 사람들, 웃는 사람들이 많습니다.

4 연탄재로 눈사람을 만들듯이 중심이 있어야 하나를 만듭니다. 올바른 Project Manager가 프로젝트의 중심에 있어야 합니다.

5 +, -가 서로 끌어당기듯이 서로 필요해야 서로 돕습니다. 고도로 분업화된, 그러나 서로의 전문성을 존중하며 서로 돕는 조직이 큰일을 합니다.

6 심장이 혈액을 끌어당기듯이 정보 소통이 원활해야 프로젝트 공동체가 건강합니다.

7 끌어당김의 법칙(引力, The Law of Attraction)은 프로젝트에도 적용되는 자연의 법칙입니다.

고집불통

창립한 지 140년 된 어느 미국 회사의 인재 채용 원칙은 다음과 같다. "사람은 절대 변하지 않는다. 그 사람에게 입사 후 계획에 대해 질문하는 것은 어리석은 짓이다. 우리의 관심사는 오직, '그 사람이 과거에 어떤 사람이었는가'이다." 고집이 센 사람은 고집이 세다. 이기적인 사람은 이기적이다. 그 사람을 프로젝트 팀원으로 뽑아 놓고, 나중에 그 사람에 대해 부정적인 평가를 해봐야 소용없다. 기술과 경험이 부족해도 겸손한 사람, 기술과 경험은 충분하지만 고집이 세거나 이기적인 사람 중에 누구를 뽑을 것인가? 수십 년 동안 쌓아온 그 사람의 성품은 프로젝트 기간 동안 변하지 않는다. 고집불통인 사람을 프로젝트 팀원으로 뽑지 않는 것이 상책이다.

1. '엔지니어는 고집이 있어야 한다.' 언뜻 들으면 그럴듯한 말입니다. 그러나 엔지니어는 고집을 버려야 합니다. 고집이 센 엔지니어는 프로젝트 성공에 방해꾼입니다.

2. 고집이란 자기의 의견을 바꾸거나 고치지 않고 굳게 버티는 성미입니다.

3. 프로젝트에는 여러 공학적 요소 기술들이 필요합니다. 프로젝트의 성과 창출과 직결된 요소 기술들은 분업화되어 전문 엔지니어들이 제공합니다.

4. 프로젝트는 분업화^{Specialization}와 협업화^{Generalization}가 공존하는 일입니다.

5. 분업화된 기술도 중요하지만 기술의 융합인 협업이 더욱 중요합니다. 기술의 조화로운 융합 없이는 제대로 된 프로젝트 성과를 기대할 수 없습니다. 기술의 융합 과정에 어떤 엔지니어가 고집을 부리면 조화^{Coordination}에 결함이 생깁니다. 프로젝트 성공은 위협을 받습니다.

6. 그렇기 때문에 프로젝트에 참여하는 엔지니어는 고집이 세면 안 됩니다. 고집이 세면 기술이든 마음이든 잘 통하지 않습니다. 고집불통^{固執不通}입니다.

7. 고집이 센 엔지니어들이 득세하는 프로젝트보다 겸손한 엔지니어들이 가득한 프로젝트가 프로젝트 성공 가능성이 높습니다.

겸손 경영

회사든 개인이든 겸손해야 한다. 프로젝트 하나 잘못 손댔다가 망한 회사가 많다. 하나의 프로젝트로 수천억 원의 적자를 보았다면, 살아남을 회사가 얼마나 되겠는가. 프로젝트 수행 실적을 자랑하고, 세계 최대 규모의 설비와 기술력을 자랑해도, 손대지 말았어야 할 프로젝트 하나 잘못 손대면 회사가 망할 수도 있다. 프로젝트를 수주하고, 프로젝트의 판세를 주도하기 위해 자랑하려는 유혹에 빠지지 말고, 늘 겸손한 자세로 프로젝트 하나하나에 신중해야 한다.

1. 프로젝트 성공을 위해 주도적이고 열정적으로 일하는 것도 중요하지만, 무엇보다도 남을 존중하고 나를 내세우지 않는 자세가 중요합니다. 한마디로 겸손해야 한다는 것입니다. 특히 프로젝트로 이익을 창출하는 PBO는 겸손해야 장수합니다.

2. 겸손의 반대는 거만입니다. 거만한 기업은 무리한 결정을 합니다. 올바름에서 벗어나면 무리입니다. 수주하지 말아야 할 프로젝트를 무리하게 수주하거나, 프로젝트를 올바르게 경영하지 않고 무리하게 이끌다가 실패합니다.

3. 실패를 반복하면 임직원들은 패배주의에 빠지고, 일 잘하는 인재가 떠나고, 조직은 오합지졸의 모임이 됩니다.

4. 현재 대한민국의 PBO들은 '겸손 경영'이 필요합니다. 임직원 모두가 겸손해야 합니다. 특히 상위 의사 결정권자일수록 더욱 겸손해야 합니다.

5. 프로젝트는 리스크가 많고 때에 따라 상황이 계속 바뀝니다. 그러므로 항상 조심해야 합니다. 프로젝트의 성패는 끝까지 가 보아야 압니다.

6. 프로젝트에 참여한 임직원들이 겸손하지 못하면 프로젝트 안팎에 적이 많아집니다.

7. 겸손 경영과 프로젝트 성공은 연결되어 있습니다.

경청해야 할 세 가지

임의의 상황을 설정하여, 경청해야 할 세 가지에 대해 예를 들겠다. 누가 "나 물 먹었어"라고 말했다. 첫째, 그 사람이 한 말 자체를 흘리지 말고 잘 들었어야 한다. 그 사람은 "나 물 먹었어"라고 말했다. 둘째, 그 사람이 시간이나 단어가 부족하여 자세하게 표현하지 못한 말을 잘 들었어야 한다. "나 물 먹었어"라고 말했지만 "나는 이번 진급자 명단에서 누락되어서 기분이 매우 나쁘다. 그러나 지금 이 자리에서 내 기분을 드러내고 싶지 않다"라는 표현을 "나 물 먹었어"라고 말했다. 그 사람이 표현하지 못한 말까지 잘 들었어야 한다. 셋째, 그 사람이 말하지 않은 말을 잘 들었어야 한다. "나 물 먹었어"라는 말은 했지만, "나는 더 이상 이 회사에 다니고 싶지 않다. 지금 퇴사를 심각하게 고민 중이다"라는 말은 하지 않았다. 그러나 그 사람이 하지 않은 말을 잘 들었어야 한다.

1 영어 커뮤니케이션 능력 시험에 듣기 평가가 있습니다. 듣기^{Listening}는 능력입니다. 프로젝트 팀원들의 커뮤니케이션 능력은 프로젝트 성공에 영향을 줍니다.

2 프로젝트 회의 때 상대에게 좋은 질문을 하는 것은 던지기 능력이며, 상대가 주는 정보를 놓치지 않고 듣는 것은 잡기 능력입니다.

3 경청해야 할 세 가지는 상대가 말하는 말, 상대가 표현하지 못하는 말, 상대가 말하지 않은 말입니다.

4 듣기의 고수는 이 세 가지 말들을 동시에 듣습니다. 듣기의 하수는 상대가 말하는 말도 놓칩니다. 이기적으로 말하기에 힘쓰다가 겸손하게 듣기에 실패합니다.

5 듣기의 고수가 되려면 스스로, 의식적으로, 일상에서 세 가지 말을 듣는 훈련을 해야 합니다.

6 듣기 고수의 비결은 경청^{傾聽}을 넘은 경청^{敬聽}입니다.

7 프로젝트 정보를 잘 주고받는 사람이 좋은 프로젝트 팀을 이루며, 프로젝트 성공 가능성을 높입니다.

Chapter 7. 겸손   133

F.T.P

EPC의 E는 Engineering이 아니다. Engineering Design의 준말로 공학 설계를 의미한다. 이학(理學, Science)의 이론이 아닌, 공학(工學, Engineering)의 공학적 설계이다. EPC 회사에 Cost Saving 개념이 부족한 엔지니어들이 의외로 많다. 공학의 본질은 Cost Saving이다. EPC 프로젝트에 참여하는 엔지니어들은 $E^{Engineering\ Design}$, $P^{Procurement}$, $C^{Construction}$ 각각의 일에서 Cost Saving을 실현하는 것이 회사와 자기의 기술 경쟁력이라는 사실을 인식해야 한다.

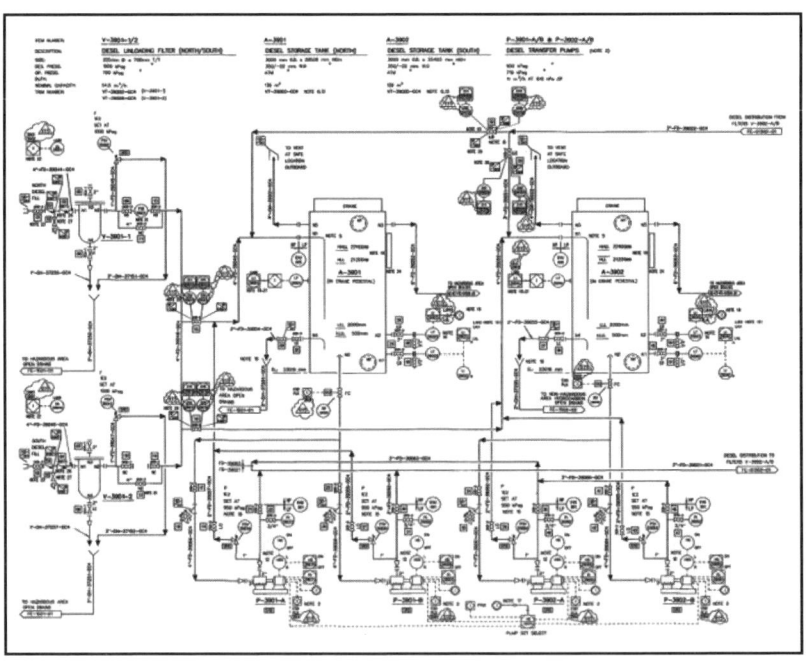

1 육상, 해양 플랜트 EPC 프로젝트로 이익을 창출하는 대한민국 기업들이 위태롭습니다.

2 그 기업들의 공통점은 '프로젝트 성공 = 이익 창출'입니다.

3 프로젝트 성공의 3요소는 Fighting Spirit, Technology, Project Management입니다. 줄여서 F.T.P입니다.

4 기필코 프로젝트를 성공시키고야 말겠다는 임직원들의 투지$^{Fighting\ Spirit}$, 공학 설계 실력을 비롯한 기술력^{Technology}, E-P-C 기술을 하나로 융합하는 Project Management 실력이 모두 중요합니다. 3요소이기 때문에 F.T.P 중 하나라도 결격이면 프로젝트 성공 즉, 이익 창출은 불가능한 시기입니다.

5 무성하던 나무의 가지가 시들면 가지치기는 불가피합니다. 동시에 기업의 회복 또는 회생을 위해 F.T.P를 고르게 보충해야 합니다.

6 지금은 회사의 F.T.P를 겸손하게 평가하여 개선해 나갈 때입니다.

7 나중에 시장 환경이 좋아지더라도, 여전히 F.T.P가 부실한 상태라면 프로젝트 성공을 통한 이익 창출을 낙관할 수 없습니다.

통찰력

통찰력이란 예리한 관찰력으로 사물을 꿰뚫어 보는 능력이다. 영어로는 Insight. 겉보기가 아니라 보이지 않는 안에 있는 것을 보는 능력이다. 통찰력은 능력이므로 훈련을 통해 향상시킬 수 있다. 통찰력은 초자연 현상이나 초능력이 아니다. 어떤 분야에서 지식과 경험을 쌓다 보면 어느 순간 통찰력을 얻는다. 초보에게 통찰력을 기대하기는 어렵다. 고수는 통찰력이 있어야 고수답다. 하수는 보이는 것을 믿고 고수는 보이지 않는 것을 믿는다.

1. 프로젝트를 성공으로 이끄는 프로젝트 리더가 되려면, 사람의 마음을 보는 능력을 길러야 합니다. 사람의 마음을 본다는 것은, 사실 어떤 것이 마음으로 느껴지는 것이지만, 마치 눈으로 어떤 모습을 보는 것과 같습니다.

2. 느끼지 않으면 보이지 않습니다.

3. 마음을 보는 프로젝트 리더는 어떤 사람의 말이나 행동에서 그 사람이 마음에 품은 생각을 순간적으로 스캔합니다.

4. 사람의 마음 보기 능력을 갖춘 프로젝트 리더는 어떤 사람이 과거에 형성한 패턴을 파악한 후, 그 패턴을 통해 그 사람이 미래에 보일 모습을 예견할 수 있습니다. 아주 짧은 시간에 포착한 느낌이지만, 글로 쓴다면 A4 용지로 몇 장 분량인 경우도 있습니다.

5. 이 능력은 사람에 관심을 갖고 스스로 꾸준하게 훈련하면 향상시킬 수 있습니다.

6. 사람의 마음을 볼 줄 알아야 상대방의 마음을 움직이는 프로젝트 리더가 될 수 있습니다.

7. 말로 소통하는 능력과 마음을 보는 능력을 겸비한 프로젝트 리더는 마음으로 사람을 리드하는 Project Management의 고수입니다.

프로젝트 = 프로미스

프로젝트는 계약을 잘 해야 한다. 수주 욕심을 부리다가 또는 수주 기쁨에 도취되어 또는 일단 계약하고 보자는 교만 때문에 프로젝트 계약을 잘못하여, 고생은 고생대로 하고 실패하는 프로젝트를 많이 보았다. 약속을 잘 지키려면 계약할 때, 계약 체결 이후에 분쟁의 소지가 있는 계약 조건들을 깔끔하게 정리해야 한다. 프로젝트 팀원들은 계약 조건을 잘 알고 있어야 한다. 계약서도 제대로 읽지 않고 프로젝트를 하는 사람들이 의외로 많다. 약속을 지킬 준비가 덜 된 사람들이다.

1. 프로젝트의 또 다른 이름은 프로미스입니다. 프로젝트는 약속 덩어리로, 발주기관을 비롯한 회사 안팎에 있는 수많은 이해관계자들과 맺은 약속들로 가득합니다.

2. 프로젝트는 계약이라는 약속의 체결로 시작해 약속의 완성으로 끝납니다.

3. 계약의 본질은 약속인데, 계획의 본질도 약속입니다. 계약과 계획은 엄수의 대상이며 프로젝트의 법입니다. Project Management는 약속을 엄수하기 위한 기획과 관리 방법론입니다.

4. 지킬 수 있는 약속을 하고, 한 번 맺은 약속은 지키는 것이 Project Management의 철학입니다. 프로페셔널 기업은 고객과 맺은 약속을 지킵니다. 겸손 경영의 시작은 약속의 엄수입니다.

5. 수행^{Performance}이란 계약이나 계획대로 실행한다는 뜻입니다. PBO는 약속을 엄수하며 프로젝트 수행 능력을 강화할 수 있습니다.

6. 계약의 바탕은 신의와 성실입니다. 계약과 계획대로 수행함으로써 신의와 성실이 쌓이면 더 많은 수주의 기회를 얻을 수 있습니다.

7. 약속을 엄수하면 프로젝트 수주와 프로젝트 수행에 모두 유리합니다.

Chapter 8
투지

"Project Management는 과학적이며
체계적인 프로젝트 기획과 관리 방법론입니다.
그러나 방법론보다 더 중요한 것은
프로젝트를 반드시 성공시키고야 말겠다는 **투지**입니다."

프로젝트 이름을 정하는 방법은 간단하다. WBS의 Level 0 뒤에 프로젝트를 붙이면 프로젝트 이름이 된다. WBS의 Level 0은 그 프로젝트가 창조할 궁극적 성과이다. 예를 들어, 새로운 자동차 모델 개발 프로젝트의 경우, 새로운 자동차 모델을 X이라고 명명했다면, WBS의 Level 0은 X이므로, 프로젝트 이름은 'X 프로젝트'가 된다. 좋은 프로젝트 이름은 프로젝트 목적이 명확하게 드러나고, 부르기에 좋은 이름이다. 제2차 세계대전 중 미국 육군의 원자탄 개발 프로젝트였던 '맨해튼 프로젝트'처럼 비밀 프로젝트인 경우에는 암호화하여 부르기도 한다.

프로젝트 창조

1 대기업 이 과장의 실화입니다. 이 과장은 임원으로부터 '직원 역량 강화 방안'을 마련하라는 과제를 받았습니다. 이 과장은 이 과제를 프로젝트로 인식하고, 이 프로젝트를 '교육 체계 개발 프로젝트'라 이름 지었습니다. 이 프로젝트는 계획대로 6개월 후 성공적으로 끝났습니다. 프로젝트 성공으로 역량이 향상된 직원 1,200명은 교육 프로그램의 수혜자가 되었고, 이 과장은 특진의 수혜자가 되었습니다.

2 새로운 프로젝트 만들기가 성공의 비결입니다.

3 프로젝트라는 말에는 목표, 도전, 성공 등 생기 왕성한 힘이 담겨 있습니다. 왜냐하면 프로젝트는 전에 없던 새로운 것을 만드는 일이기 때문입니다.

4 개인이든 기업이든 무언가 새로운 것을 원한다면, 새로운 프로젝트를 만들어야 합니다.

5 새로운 프로젝트 만들기의 시작은 프로젝트 '이름 짓기'입니다.

6 매력적인 이름은 프로젝트 성공에 유리합니다.

7 새로운 프로젝트 만들기에 능한 사람은, 새로운 가치 창출의 근원이므로 사랑받기에 합당합니다.

간절히 원하면 이루어진다

자신들의 프로젝트와는 맞지 않는다고 주장하며, Project Management에 대한 거부감을 표현하는 사람들을 종종 본다. 보통 이런 사람들은 Project Management를 제대로 공부했거나, 제대로 적용한 경험이 없다. 그러나 자신들은 Project Management를 알고 있다고 착각한다. 사실 이 사람들의 근본적 문제는 프로젝트 성공에 대한 갈망이 없다는 것이다. 그렇기 때문에 Project Management를 자신들의 일거리만을 늘리는 귀찮은 것, 자신들의 본업과는 무관한 것으로 단정 지은 후, Project Management 무용론으로 반응한다. WBS, CPM, EVM 등 몇몇 눈에 띄는 전문적 방법을 Project Management의 전부라 생각하며 바라본다면, Project Management가 프로젝트 성공을 위한 지혜라는 사실을 알아차릴 수 없다. 결국 프로젝트 성공에 대한 갈망이 없으면, Project Management도 소용없다.

1   어떤 일이 이루어지기를 바라는 마음, 희망, 소망, 열망 등등 바람의 말들은 많지만, 목마른 사람이 물을 찾듯이 무엇을 바란다는 의미의 갈망渴望이 가장 간절한 표현입니다.

2   "당신이 참여하고 있는 프로젝트의 성공을 진실로 갈망합니까?"라는 질문에 대한 재미없는 대답은 다음과 같습니다.

3   "나는 프로젝트 책임자가 아닌 참여자입니다. 나는 내 일만을 잘하면 됩니다."

4   "갈망하지 않아도 됩니다. 어차피, 프로젝트 실패 판정은 거의 없습니다."

5   "갈망할 필요까지는 없습니다. 도전적 프로젝트가 아닌 일상적 과제일 뿐입니다."

6   PM 성숙도(Project Management Maturity Level)와 프로젝트 성공에 대한 갈망은 비례합니다. "당신이 참여하고 있는 프로젝트의 성공을 진실로 갈망합니까?"라는 질문을 불편하게 느끼는 사람은 Project Management의 적용도 불편하게 느낍니다. 프로젝트 성공을 갈망하는 사람은 PM 적용도 갈망합니다.

7   꼭 성공하길 갈망하는 프로젝트, 많은 사람들의 행복을 돕는 프로젝트, 그런 프로젝트를 만나길 아니 만들길 갈망합니다.

투지

이종명 예비역 대령과 함께 찍은 사진을 보며, 투지에 대해 다시 한 번 생각했다. 싸우려는 마음과 이기려는 마음이 없다면 싸움에서 승리할 수 없다. 프로젝트도 마찬가지이다. 프로젝트는 그 자체가 도전이며, 승리해야 할 하나의 전투이다. 프로젝트의 제약 사항들을 극복하여 반드시 성공하겠다는 투지가 있어야 한다. 프로젝트를 하다 보면 시간의 부족, 예산의 부족, 많은 리스크, 이해관계자와의 갈등 등 프로젝트 성공을 위해 극복해야 할 사안들이 많다. 프로젝트 성공의 적이라 볼 수 있는 이 문제들과 싸워서 이기겠다는 투지는 프로젝트 성공의 원동력이다.

1   2000년 6월 27일에 DMZ에서 지뢰 사고로 두 다리를 잃고도 부하를 먼저 챙겼던, 참 군인, 이종명 대령(육사 39기)이 2015년 9월 24일에 37년간의 군 생활을 마쳤습니다.

2   이종명 대령과는 특별한 인연이 있습니다. 이종명 대령이 소령이었을 때 그는 나를 장교로 키우던 훈육관이었습니다.

3   젊은 이종명 소령은 현애살수(懸崖撒手, 벼랑에서 잡은 가지마저 손에서 놓을 수 있는 사람이 진정한 장부이다)를 인용하며, 필승의 투지(鬪志)에 대해 특히 강조했습니다.

4   그때의 가르침은 군대에서의 Management, 기업에서의 Project Management에 큰 영향을 주었습니다.

5   투지란 싸우고자 하는 의지와 이기고자 하는 의지입니다. 싸워서 이기겠다는 결의입니다. Project Management는 과학적이며 체계적인 프로젝트 기획과 관리 방법론입니다.

6   그러나 방법론보다 더 중요한 것은 프로젝트를 반드시 성공시키고야 말겠다는 투지입니다.

7   프로젝트를 수행하는 임직원들의 투지가 살아 있어야 프로젝트 성공을 이룰 수 있습니다.

승부수

과거에 해외에서 수행했던 프로젝트 사례이다. 프로젝트의 계획 진도율은 40%였으나 실제 진도율은 30% 정도였고, 실행 예산 대비 실제 원가도 130%가량 초과 집행되고 있었다. 이대로라면 남은 18개월 동안 고생해도 프로젝트는 실패할 판이었다. 프로젝트 감사 후 사장은 Project Manager를 교체했다. 새로운 Project Manager는 승부수를 던졌다. Project Manager는 사장의 승인을 얻은 후, 약 30명의 기존 팀원들을 거의 모두 본사로 복귀시키고, 에이스들로 구성한 새로운 프로젝트 팀으로 재편하였다. 그야말로 파격적인 의사결정이었다. 승부사는 승부수를 던질 줄 알아야 한다. 만약 그때 Project Manager가 승부수를 던지지 않았다면 회사는 그 프로젝트에서 엄청난 적자를 기록했을 것이다.

1 순 우리말 '판'은 일이 벌어지는 자리, 승패를 겨루는 일을 세는 단위입니다. 순 우리말로 프로젝트는 '판'입니다. 프로젝트는 어떤 가치 있는 성과를 창조하는 일을 벌이는 판이며 플랫폼^{Platform}입니다.

2 프로젝트는 성공과 실패로 판정되는 한판의 승부입니다.

3 프로젝트로 이익을 창출하는 PBO가 이익 창출을 위해, 한판의 승부에서 이겨야 합니다. 프로젝트 성공이 아니면 프로젝트 실패입니다.

4 한판의 승부에서 이기는 기술이 곧 Project Management입니다. PBO는 Project Management 실력을 꾸준하게 향상시켜야 합니다.

5 대량으로 생산하는 제조^{製造}와 달리, 유일한 상품을 만드는 창조^{創造}는 프로젝트라는 판에서, 집단 지성의 융합으로 다듬어 완성해 나가는 것입니다.

6 성공 아니면 실패입니다. 무승부는 없습니다.

7 프로젝트는 판이므로, 겸손한 마음으로 서로 도우며 하나가 되어 한판을 이루는 것이 프로젝트 성공의 지혜입니다. 판이 깨지면 실패합니다. Project Management를 지혜롭게 해야 합니다. 프로젝트마다 신중하고 지혜롭게 이기는 승부사가 되어야, 생존하는 PBO가 될 수 있습니다.

절약

낭비인가 낭비가 아닌가? 그 판단 기준은 필요성이다. 프로젝트 성공을 위해 필요한 활동에, 필요한 만큼의 시간이나 돈을 쓴다면 낭비가 아니다. 프로젝트의 시간과 돈은 유한하다. 낭비하면 나중에 가난해져서 프로젝트를 정상적으로 진행할 수 없다. 왜 예산이 필요한가? 낭비를 줄이기 위해서이다. 시간 예산을 프로젝트 일정표에 담아 놓고 써야 시간 낭비를 줄일 수 있고, 돈 예산을 프로젝트 예산서에 담아 놓고 써야 돈 낭비를 줄일 수 있다. 시간이나 돈을 담는 그릇은 작을수록 좋다. Project Management에서 시간이나 돈을 담는 가장 작은 그릇의 단위는 활동^{Activity}이다.

1. '굳은 땅에 물이 고인다.' 아껴 쓰고 절약하면 재산이 모인다는 속담입니다. 나중에 시간과 돈이 부족하여 어렵고 고된 일을 겪지 않으려면, 시간과 돈을 절약하고 계획을 세워 관리하는 절제^{節制}의 습관이 필요합니다.

2. 이 속담은 프로젝트에도 그대로 적용됩니다. 프로젝트의 특징은 시간과 돈이 한정^{限定}되어 있다는 것입니다. 시간과 돈이 남아도는 프로젝트는 없습니다. 경쟁^{競爭}하여 수주한 프로젝트는 더욱 그렇습니다.

3. Time Saving을 위해 활동^{Activity} 단위까지 시간을 쪼개어 프로젝트 일정표$^{Project\ Schedule}$에 담아 놓고 씁니다.

4. Cost Saving을 위해 활동^{Activity} 단위까지 돈을 쪼개어 프로젝트 실행 예산서$^{Project\ Budget}$에 담아 놓고 씁니다.

5. 올바른 계획을 세워 관리하고 아끼지 않으면 시간 부족, 돈 부족은 당연합니다.

6. 프로젝트에 참여하는 사람들은 시작부터 끝까지 Time Saving과 Cost Saving과의 전투^{戰鬪}입니다.

7. 프로젝트를 구하려면 부지런하고 아끼는 것이 상책입니다.

참고 견디기

프로젝트와 등반은 공통점이 있다. 포기하면 거기서 끝이다. 포기하면 거기까지이다. 포기는 도전을 멈추는 것이다. 포기하면 실패한다. 포기보다 인내가 더 어렵다. 그래서 포기하기 쉽다. 포기하고 싶은 마음을 이기고 성공할 때까지 인내하는 훈련을 하면, 점차 더 높은 목표에 도전하여 성공할 수 있다. 프로젝트 성공은 노력과 인내의 결과이다.

1. 프로젝트의 본질은 창조입니다. 프로젝트는 도전이며, 끝나 봐야 아는 일이며, 힘겨운 일입니다.

2. 시간이 남아돌거나, 예산이 넘쳐나거나, 기술적으로 만만한 프로젝트는 없습니다. 큰 프로젝트이든 작은 프로젝트이든 거쳐야 할 어려움은 다 거칩니다.

3. 프로젝트 성공을 위해서는 괴로움과 어려움을 참고 견디며 일을 끝까지 밀어붙이는 인내가 절실합니다.

4. 프로젝트에 참여한 사람이 마음이 연약하여 낙심하거나, 싸워서 이기겠다는 투지를 잃거나, 겁을 먹어 용기를 잃으면 끝입니다. 창조의 기쁨은커녕 자신들이 저지른 실수를 위장하고 봉합하기에 급급합니다.

5. 성공한 사람이 성공합니다. 여러 가지 프로젝트를 애매하게 성사시킨 것보다 한 번이라도 제대로 프로젝트를 성공해 보는 것이 중요합니다.

6. 산모가 40주 동안 인내하여 예쁜 아기를 얻듯, 끝까지 참고 견디는 사람이 프로젝트 성공을 얻습니다.

7. 겁을 먹으면 참고 견디기 어렵습니다. 올바른 일을 하는 사람은 겁을 먹어서는 안 됩니다.

PM 주특기

Project Management는 전문 분야이다. 예를 들어, 플랜트 건설 회사에는 Project Schedule Management만을 전문으로 하는 사람들이 있다. Oracle P6 Software를 능숙하게 다루고 프로젝트 실무 경험이 많은 Project Schedule Manager는 프로젝트 영입 대상 1순위이다. 글로벌 프로젝트 경력을 쌓은 후 세계적인 기업에 좋은 조건으로 채용되는 경우도 많다. 주특기가 있기 때문에 가능한 일이다. Project Management에는 Project Schedule Management 이외에도 Project Contract, Cost, Quality, Risk, Integration 등 다양한 주특기가 있다.

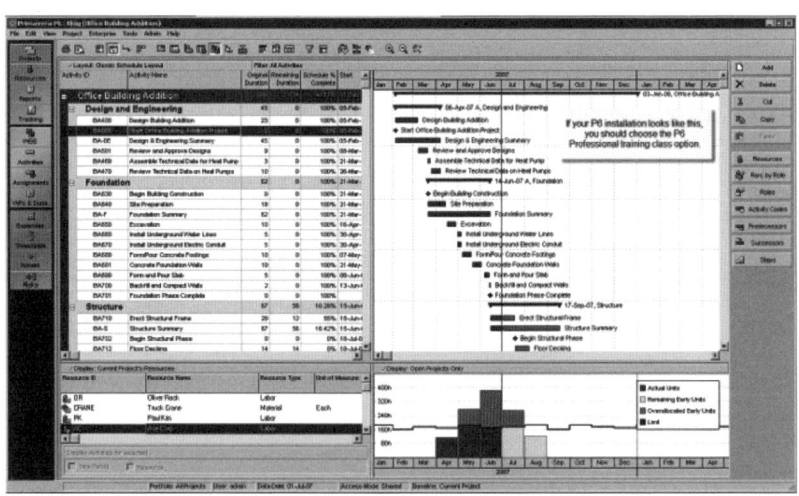

1. '구르는 돌에는 이끼가 끼지 않는다(A rolling stone gathers no moss)'라는 서양 속담이 있습니다.

2. '자주 바꿔라'가 아니라 '자꾸 바꾸지 말라'는 뜻입니다. 직업을 자주 바꾸는 사람은 성공하지 못하니 한 우물을 파라는 교훈입니다.

3. "당신의 직업은 무엇입니까?"

4. "회사원입니다." 이렇게 대답하는 사람이 있습니다. 직업이 의심스럽습니다.

5. 직업^{Profession}은 일이며, 직장은 일터입니다. 직업은 '직장'이 아닌 자신이 하는 '일'입니다. 직업인^{Professional}이라면 주특기가 있어야 합니다.

6. 오랜 직장생활 동안 많은 프로젝트에 참여했지만 자신의 주특기가 애매하다면, 자신이 구르는 돌과 같지 않았는지 점검할 필요가 있습니다. 주특기가 명확하지 않다면 회사를 오래 다녀도 나중에 별로 남는 것이 없습니다.

7. Professional은 특정 분야의 일을 오랫동안 꾸준하게 지속하며 주특기를 연마한 사람입니다.

Chapter **9**

배움

"프로젝트 종결 이후 복기를 하면서
잘한 수와 잘못한 수를 겸손하게 **정리**할 필요가 있습니다.
그래야 Project Management 실력이 강해집니다."

프로젝트 복기

프로젝트는 새로운 것을 창조하는 일이다. 따라서 누가, 언제 프로젝트를 하느냐에 따라 프로젝트의 과정과 결과는 달라진다. 프로젝트는 그야말로 만들어 나가는 것이므로 단계를 거쳐 점진적으로 진행한다. 각 단계를 끝낼 때 단계를 되돌아보는 단계 검토$^{Phase\ Review}$가 필요하다. 단계 검토로 얻은 배움은 다음 단계의 진행에 도움이 된다. 프로젝트 종결 때 프로젝트 검토$^{Project\ Review}$로 배운 것을 문서$^{Lessons\ Learned\ Report}$에 정리해 놓으면, 향후 프로젝트의 진행에 도움이 된다.

1. 복기는 바둑에 있는 독특한 절차입니다. 한 번 두고 난 바둑의 판국을 비평하기 위하여 다시 처음부터 놓았던 그 순서대로 놓아 보는 일을 복기復棋라 합니다. 복기를 하면서 잘한 수와 잘못한 수를 분석하며 가치를 논합니다.

2. 복기의 목적은 기력棋力 향상입니다.

3. 복기를 해 보면 실수가 밝혀지고 최선의 수를 찾아낼 수 있습니다. 또 대국 때는 알지 못했던 묘수妙手를 발견하기도 합니다.

4. 그래서 바둑의 고수들은 바둑 실력을 높이는 가장 좋은 방법으로 복기를 꼽습니다.

5. 바둑에만 복기가 필요한 것은 아닙니다. 프로젝트에도 복기가 필요합니다.

6. 프로젝트 종결 이후 복기를 하면서 잘한 수와 잘못한 수를 겸손하게 정리할 필요가 있습니다. 그래야 Project Management 실력이 강해집니다.

7. 동네 바둑과 프로 바둑이 다르듯이 Professional 기업은 Project Management에 겸손이 스며들어 있습니다.

좋은 질문

'Give & Take' 형식이 좋은 질문이다. 지문으로 질문 주제에 대한 자기 정보를 상대방에게 먼저 주고, 질문으로 상대방으로부터 받고 싶은 정보를 묻는 형식이 'Give & Take' 형식 질문이다. 지문 없는 질문인 "오늘 뭐 했어요?"보다, 지문 있는 질문인 "나는 오늘 프로젝트 회의를 주관했습니다. 당신은 오늘 뭐 했어요?"가 더 좋은 질문이다. 상대방으로부터 더 좋은 정보를 얻으려면 지문을 통해 내 정보를 먼저 주는 것이 필요하다. 지문의 도움으로 상대방은 쉽게 대답할 수 있으며, 질문하는 사람이 자기를 존중하고 있다는 느낌을 받기 때문에 더 좋은 정보를 준다.

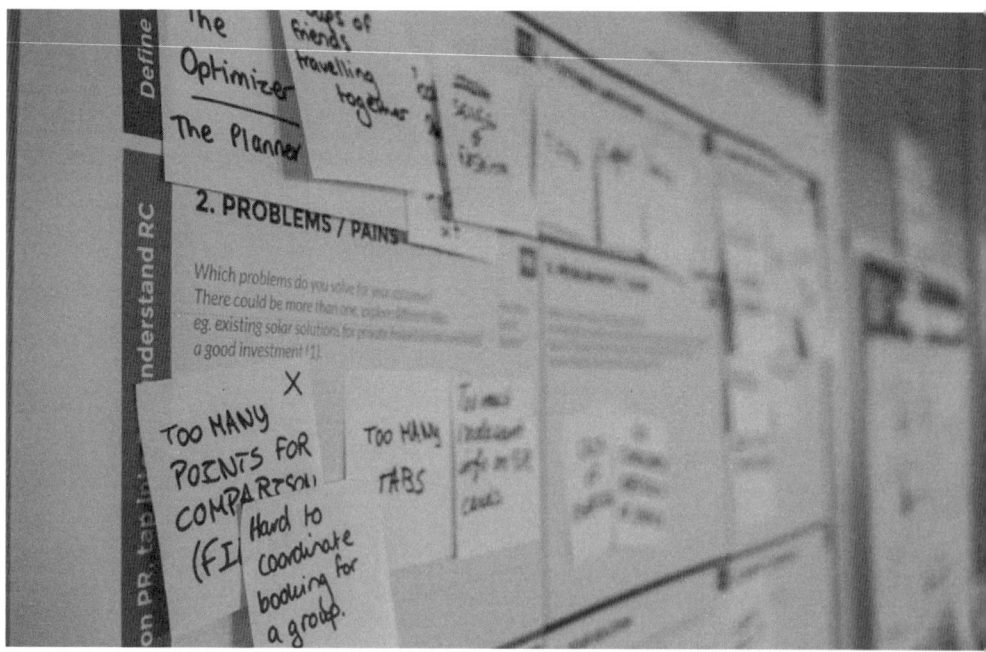

1. Project Manager에게 필요한 능력 중의 하나는 질문 능력입니다. 사람들은 경청을 강조하지만 경청보다 중요한 것이 질문입니다. 강의를 잘 듣는 학생보다 질문을 잘하는 학생이 더 훌륭한 것과 같은 이치입니다.

2. 질문을 해야 경청할 수 있습니다.

3. Project Manager는 모든 것을 아는 사람이 아닙니다. 질문은 모르는 것이나 의심되는 것을 묻는 것이니 Project Manager는 좋은 질문을 하는 사람입니다.

4. 많은 Project Manager들은 물음표(?)보다 마침표(.)를 좋아합니다.

5. 프로젝트는 조직이 하는 것이므로 역동적^{Dynamic}이어야 하는데, 마침표에 능한 Project Manager는 조직을 생각에 게으른 의무적인 조직으로 만들어 버립니다.

6. 원하는 것을 이끌어 내는 탁월한 한마디가 바로 질문입니다. 이는 Project Manager의 리더십과도 연결됩니다. 조직을 끌고 나가려고 하면 Project Manager도 힘들고 조직원도 힘듭니다.

7. 지혜로운 Project Manager는 질문의 힘을 알고 있는 사람입니다.

기록

꾸준하게 기록하기는 좋은 습관이다. 프로젝트는 가치 있는 경험이다. 그 경험을 글로 남기면 교훈이 된다. 이것이 경험적 교훈Lessons Learned이다. 경험적 교훈은 기록으로 남겨야 한다. 이런 기록이 쌓이면 자신의 지식과 경험을 담은 책을 출판할 수도 있다.

1 일기(日記, Diary)는 경영의 수단입니다. 일기를 쓰는 사람과 일기를 쓰지 않는 사람은 다릅니다. 인생을 경영하는 사람이라면 일기를 쓸 수밖에 없습니다.

2 날마다의 기록을 소중하게 다루는 Manager는 겸손한 경영자입니다.

3 계획을 쫓지 않고 이슈를 쫓아다니는 단순한 관리자와는 다른 사람입니다.

4 기록은 올바른 경영을 위한 필수 조건입니다.

5 일기가 중요한 이유는 '계획'이라는 미래 시간에 일어날 일들과 '역사'라는 과거 시간에 일어난 일들을 글로 남기는 일이기 때문입니다. 일기의 본질은 계획과 역사입니다.

6 영국의 PM 스탠더드인 PRINCE2® 에서는 Project Manager의 직무 중 하나로 프로젝트 일지$^{Daily\ Log}$ 작성을 매우 강조합니다. 프로젝트 일지는 해당 프로젝트는 물론이고 미래에 추진할 프로젝트에 요긴하게 활용됩니다.

7 프로젝트 일지는 프로젝트의 과거와 미래를 연결하며, Lessons Learned Report의 소중한 재료가 되어 줍니다.

적임자

Right People은 어떤 일에 적합한 인재인 적임자를 의미한다. Project Manager는 회사 안에 있는 직원들과 두루두루 꾸준하게 네트워킹을 해야 한다. 마음에 드는 사람이 있다면 Project Manager는 그 사람에 대해 잘 알고 있어야 하며, 더불어 그 사람도 Project Manager에 대해 잘 알도록 해야 한다. 회사 안에서 인재 전쟁이 벌어진다. 일 잘하는 사람은 소수이며 이미 평판이 나 있다. 그들은 누구나 데려가기를 원한다. Project Manager는 일 잘하는 사람들과 좋은 관계를 유지하다가 적임자가 필요한 결정적 시기에 프로젝트로 영입할 수 있는 능력을 갖춰야 한다.

1 사람은 많은데 사람이 없습니다. 회사에 사람은 많은데 막상 프로젝트로 발령을 내려면 적당한 사람$^{Right\ People}$이 없습니다.

2 적임자의 부재는 프로젝트 임원$^{Project\ Director}$이나 Project Manager가 흔히 겪는 고충입니다.

3 인재는 다 어디로 간 것입니까? 프로젝트 경영의 목적은 프로젝트 성공이므로 일 잘하는 인재$^{Human\ Resource}$가 필수입니다.

4 Project Manager의 생각을 깔끔하고 왕성하게 풀어헤쳐 나갈 세 명의 직원이 수십 명의 직원보다 절실한 때가 많습니다.

5 그 세 사람은 바로, 글을 쓸 줄 아는$^{Business\ Lettering}$, 그런데 공학과 Project Management 지식을 겸비한 경험 있는 엔지니어입니다.

6 Project Manager 옆에 그런 직원이 세 명만 앉아 있어도 매우 행복한 Project Manager이며, 프로젝트 성공 가능성은 높아집니다. 그런데 현실에는 그러한 세 사람이 없습니다. 키우지 않으므로 없습니다. 회사가 키우든 Project Manager가 직접 키우든, 숙련시키지 않았으니 숙련가가 없습니다.

7 마당에 심은 나무도 과실을 얻으려면 체계적으로 키워야 합니다.

핵심 인재

프로젝트에 투입할 사람이 없다는 말을 많이 듣는다. 회사의 인재 한계를 초과하여 프로젝트를 수주한 경우에는 프로젝트에 투입할 인원이 부족한 것이 당연하다. 그러나 회사가 조금만 바빠져도 사람이 없다는 말이 여기저기서 들리는 회사는 인재 경영에 결함이 있을 수 있다. 사실 인원이 부족하다기보다는 프로젝트에 투입할 적임자가 부족한 것이다. 프로젝트 성공을 위해 핵심 인재를 꾸준하게 양성해야 한다. 경영 실적이 나빠지면 직원들을 해고했다가 프로젝트 수주량이 증가하면 또 허겁지겁 사람을 뽑는 회사는 프로젝트 성공을 통해 이익을 창출하는 회사로 볼 수 없다. 그런 회사에서는 언제나 프로젝트에 투입할 사람이 없다는 말이 들린다.

1 프로젝트 성공을 위하여 프로젝트의 중대한 활동들$^{Critical\ Activities}$을 성공적으로 추진할 적임자가 절실합니다.

2 프로젝트 팀을 구성할 때 역무(R&R)에 맞는 적임자를 구하기 어렵습니다. 적임자 부재 현상은 PBO에 치명적입니다.

3 일을 잘하도록 올바른 교육 훈련을 시키지 않고, 임직원들이 일을 잘하길 기대하는 것은 회사의 욕심입니다.

4 프로젝트 성공을 통해 이익을 창출하는 회사의 경우, 프로젝트의 특정 분야 적임자는 회사의 핵심 자산입니다.

5 이는 단순히 교육 훈련의 중요성만을 강조하는 것이 아닙니다. 인재경영$^{Talent\ Management}$ 전반을 체계화할 필요가 있습니다.

6 프로젝트는 점점 대형화, 복잡화되는 추세입니다. 프로젝트 성공을 위협하는 Negative Risk가 증가할 수밖에 없습니다. Negative Risk의 증가는 프로젝트 성공 가능성의 감소를 의미합니다. Negative Risk를 줄이고, Positive Risk를 늘리는 일이 적임자의 몫입니다.

7 프로젝트 성공에 필요한 적임자가 부족한 기업은 도태할 수밖에 없습니다.

학습 능력

구글Google은 인재를 채용할 때 입사 지원자의 학습 능력을 집중적으로 평가하는 것으로 유명하다. 구글은 혁신적 프로젝트를 많이 추진하기 때문에 인재의 학습 능력을 중시하며, 인재의 학습 능력을 중시하기 때문에 혁신적 프로젝트를 추진할 수 있다. 프로젝트는 창조적인 일이다. 창조적인 사람은 늘 새로운 것을 배우며 스스로 진화한다. 세계 각지에서 창조적인 사람들이 프로젝트를 통해 새로운 세상을 만들어 나가고 있다.

1 Project Management를 잘하고 있는지 궁금할 때 자문^{自問}해 보시기 바랍니다. 첫째, '나는 Project Management 일이 재미있는가?' 둘째, '팀원들은 프로젝트에 몰입하고 있는가?'

2 이 질문은 공자의 近者悅 遠者來(근자열 원자래, 가까운 사람들은 기뻐하며 먼 사람들은 가까이 온다)와도 통합니다.

3 따르는 사람들이 떨어져 나갈 때, 따라오고 싶은 사람만 따라오라고 말하는 리더는 올바른 리더십을 갖췄다고 볼 수 없습니다.

4 리더는 추종자에 관한 것이며, 리더십은 방향에 관한 것입니다.

5 올바른 Project Manager는 프로젝트를 성공으로 이끌 수 있는 기술과 경영 능력을 갖춘 사람입니다.

6 프로젝트 관련 기술에 대한 지식이 부족하거나, Project Management에 대한 지식이 부족하면 프로젝트를 효과적으로 지휘할 수 없습니다.

7 그래서 Project Manager는 늘 배우고 연구하는 학인^{學人}이 되어야 합니다. 학습^{學習}을 기뻐하는 사람이 Project Management를 잘하는 사람입니다.

회사원 vs. 전문가

매달 말일에 이력서Resume 업데이트하기는 지속적 자기 향상을 돕는 좋은 방법이다. 목표 없는 공부가 아닌 저서, 전문가 자격증 또는 학위를 목표로 공부하는 것이 지혜롭다. 자신의 전문 지식과 경험을 담은 책을 출판하면 해당 분야의 저자가 된다. 전문가 자격증을 취득하면 전문가로서의 정체성이 뚜렷해진다. 예를 들어 Project Management 분야의 전문가라면 미국 PMI®가 주관하는 Project Management Professional® 자격증 정도는 취득하는 것이 좋다. 요즘에는 현업을 수행하면서 석사나 박사 학위를 취득할 수 있는 기회가 많다. 책, 전문가 자격증, 학위는 모두 자기 향상을 위한 노력의 성과이다. 군복에 훈장을 추가하듯이 성과를 자기 이력서에 추가하는 것은 회사원에서 전문가로 변화하는 재미있는 방법이다.

1   전문가^Professional는 어떤 분야에 상당한 지식과 경험을 가지고 그 일을 잘하는 사람입니다.

2   회사에 속한 임직원을 회사원과 전문가로 양분할 수 있습니다. 회사원은 많고 전문가는 적습니다. 매너리즘에 빠진 사람들이 많기 때문입니다.

3   전문가들이 모여 전문적으로 일하는 조직은 재미있습니다. 서툰 사람들이 모여 서툴게 일하는 조직은 회식을 해도 재미없습니다.

4   다음 3가지 질문에 예로 답하는 사람은 전문가입니다. '스스로 자신을 전문가로 생각하는가?', '전문가로서 전문성 향상을 위해 공부하고 있는가?', '전문가답게 일을 진짜 잘하는가?'

5   회사원은 월급을 탑니다. 그러나 회사에 속한 전문가는 회사와 고용계약을 맺고 자신의 전문적 지식이나 기술을 회사에 전속으로 판매합니다. 그 대가(代價, Payment)로 급여를 받습니다.

6   전문가는 자기의 전문성에 의존하기 때문에 할 일이 많지만, 회사원은 회사에 의지하기 때문에 회사가 흔들리면 불안해합니다.

7   임직원들은 자칫하면 회사원이 됩니다. 회사원은 드라마를 보고, 전문가는 책을 봅니다.